화 잘내는 좋은 엄마

好爸妈的高效生气法

健康地表现怒气，
亲子一起正向成长

〔韩〕张成旭 著
冯燕珠 译

北京时代华文书局

图书在版编目（CIP）数据

好爸妈的高效生气法：健康地表现怒气，亲子一起正向成长 /（韩）张成旭著；冯燕珠译 . -- 北京：北京时代华文书局，2024.6

ISBN 978-7-5699-4891-2

Ⅰ．①好… Ⅱ．①张…②冯… Ⅲ．①亲子教育－家庭教育 Ⅳ．① G781

中国国家版本馆 CIP 数据核字 (2023) 第 151557 号

화 잘내는 좋은 엄마 (A good angry mother)
Copyright © 2020 by JANG, Sung Uk
All rights reserved.
Translation rights arranged by RAON ASIA CO., LTD.
through May Agency and Chengdu Teenyo Culture Communication Co., Ltd.
Simplified Chinese Translation Copyright © 2023 by Beijing Time-Chinese Publishing House Co., Ltd.

北京市版权局著作权合同登记号 图字：01-2021-6394

Hao Bama de Gaoxiao Shengqifa: Jiankang de Biaoxian Nuqi, Qinzi Yiqi Zhengxiang Chengzhang

出 版 人：陈 涛
责任编辑：薛 治
执行编辑：谭 爽
责任校对：李一之
装帧设计：张冬艾
责任印制：刘 银 訾 敬

出版发行：北京时代华文书局 http://www.bjsdsj.com.cn
　　　　　北京市东城区安定门外大街 138 号皇城国际大厦 A 座 8 层
　　　　　邮编：100011 电话：010-64263661 64261528
印　　刷：三河市嘉科万达彩色印刷有限公司
开　　本：880 mm×1230 mm 1/32　　成品尺寸：140 mm×210 mm
印　　张：8.5　　　　　　　　　　字　　数：139 千字
版　　次：2024 年 6 月第 1 版　　印　　次：2024 年 6 月第 1 次印刷
定　　价：56.00 元

版权所有，侵权必究

本书如有印刷、装订等质量问题，本社负责调换，电话：010-64267955。

自序 /

能健康地表现怒气的父母，子女也能幸福成长

辞去表现优异的电视台工作，成为幸福的妈妈

"是真的吗？哇！那我是不是应该请你签名啊？"

听完讲师介绍后，父母们通常会有这种反应。我曾经在电视台工作过，担任儿童节目制作人。我制作过《叮咚叮幼儿园》[韩国教育电视台（EBS）的节目]，里面出现的"当当"和"当当爸爸"就是由我企划并塑造出来的角色。

我是个完美主义者，很想把工作、育儿、家务都做好，希望可以在公司因工作能力很强得到肯定，也能把家庭照顾得很好。但是太过勉强的结果是，我把自己累得死去活来，身体都出了状况。甚至想到，如果我现在死了，那么电视节目、名誉、金钱就都没有意义了，只会留下我那两个伤心流泪的小宝贝。这世上还有谁会像我这样爱着那两个孩子呢？答案是"没有"！于是我便递出了辞呈。"终于可以亲自养育我的宝贝了！从现在起，我也可以在下雨天撑着伞在校门口接孩子了！"当时的我心里真的既开心又激动。

　　然而没过多久，我就意识到自己并不适合"妈妈"这个角色：火暴的性格、容易情绪化的行动和神经质的沟通方式。同时，"我是对的，你错了"的错误想法成为我的信念，总是强迫周围的人按照我的意思改变，这样才能安心。我努力成为一个好妈妈，但实际上并不容易。心情好或是孩子听话时，我可以是个亲切、和蔼的妈妈，但情况相反时，又会觉得自己是一个不合格的妈妈，因此，我经常感到失望和受挫。

　　有一天，电视台的晚辈来家里，我偶然听到孩子对她说："我妈妈什么时候去电视台上班？我希望她赶快去上班。"我心想："这样不对！"于是决定申请心理咨询研究生课程进修。虽然我自身有很多问题，当时却认为孩子的问题比较多。不过第一学期还没念完，我就明白了：一切问题其实都是从"我"开始的。

　　成为"好妈妈"之前，必须先当个"幸福的我"。我想解答妈妈们的疑惑：成为"幸福的我"到底需要些什么？我想告诉她们哪些是妨碍幸福的事，以及如何安慰自己。告诉妈妈们在孩子的成长和情绪变化中，做什么对孩子来说是"毒药"、什么是"良药"。

　　基于以上理由，我现在不再是电视人，而是通过咨询及教育，过着与天下父母共享悲伤与痛苦、喜悦和治愈的感动人生。

现在请从愤怒和罪恶感中解脱出来

　　在与父母进行咨询的过程中，出现最多的词语就是"愤怒"和"罪恶感"，这两个词语就像好闺密一样总是一起出现。应该有很多妈妈都有这样的经历：对孩子大发雷霆之后，在孩子睡着时抱着他们哭着说"对不起，妈妈下次再也不会这样了"——我也曾这样。

　　虽然不想对孩子发脾气，希望以理性的方式好好沟通，但实际上并不容易做到。觉得自己身上的问题好像也还没严重到必须去接受心理咨询的地步，那该怎么办呢？我看到不少父母因此感到郁闷，实在让人不忍，另一方面看到孩子常在不明所以的情况下被父母的话语和行动所折磨、受到伤害，更让人觉得心疼。

　　经常被问是不是生气了的父母，动不动就发火的父母，一生气就不分青红皂白、处处挑剔的父母，无法控制怒气的暴怒型父母，只有孩子哭了才会停止发怒的父母，总是在某些特定情况下特别生气的父母，爱抱怨的父母，抑郁的父母，总是先看到负面事情的父母，因为心理太脆弱而无法生气的父母——不管是哪一种，希望所有愿意学习控制自己脾气的父母，都能读这本书。

我相信读完这本书后，各位肯定都会成为能好好管理情绪、充满自信且有意志力的父母。

父母能管理好脾气，孩子就能幸福成长

来到咨询室的父母，他们的痛苦大多来自自己儿时未愈的伤口，怒气就是从那个伤口喷发出来的。由于长时间不理会，伤口化脓，甚至出血，还散发出难闻的气味，让自己和家人都很难受。

这本书里讲了许多愤怒的父母和受尽苦难的孩子之间的故事，既是我的故事，也是各位的故事。并非要你不要生气，而是告诉你如何健康地表现出生气的情绪。我收集了许多实际事例，稍微进行修改、重编，让读者能够理解问题所在，并在生活中尝试书中提出的解决办法。这不是一本单纯的"生气指南"，而是从愤怒情绪产生之前就开始探讨，内容包含生气的模式和原因分析，以及相应的解决方法。

第一章从时代、心理、环境等角度分析父母什么

时候会对自己的孩子发火；第二章则是找出父母生气的原因，分析隐藏在背后的情感，还有表面上没有发脾气，却用其他方式发泄怒火所隐藏的危险；第三章则是通过实际案例，探讨如果父母总是乱发脾气，对孩子会有什么不好的影响，帮助你了解孩子的心理；在第四章中介绍如何设计应对生气的基础工作，以及平时就能做的日常处置，这一章同时准备了一些思考问题，希望可以在读者们的实际生活中给予帮助；第五章是生气当下可以进行的应对方法，以及紧急处理方法。

孩子的童年应该在幸福中度过，如果父母总是生气烦躁、对什么事都不满意，那么孩子如何拥有幸福的体验呢？如果孩子总是被随意对待，又怎么会觉得自己是珍贵的存在呢？若不想让孩子在童年时被伤害，现在就开始看这本书吧。

这是基于我对所有被称为"爸爸""妈妈"的人以及孩子们的爱，加上我的专业知识以及在痛苦经历中得来的收获，所编写而成的书。希望这本书能从根源上杜绝"父母在熟睡的孩子枕边流泪道歉"这样的事。

期望成为你们的良师益友。

目录

结语 /

我什么时候会对孩子发脾气

未曾被治愈的童年伤痛

若经常在特定情况下生气，请回顾一下儿时的伤痛

艺熙妈妈有两个女儿，一个八岁，一个六岁。老大艺熙在妈妈的保护和关爱下长大，一天到晚像跟屁虫一样黏在她身边；老二则像捡到的孩子一样，得时时看妈妈的眼色生活。因为老二行为开始出现偏差，会不时故意唱反调，于是艺熙妈妈前来寻求帮助。

每当老二向老大艺熙挑衅，或是未经同意就随便使用艺熙的东西，艺熙妈妈就会生气。她说自己平常不是那么容易发脾气，为什么会对老二那样，她也无法理解。

艺熙妈妈和艺熙一样，在家里的两姐妹中是姐姐。小时候，她的妹妹在很多方面都比她强，聪明、漂亮、懂事，个性也沉稳，相较起来父母更喜欢妹妹，在生活中就像对待长女一样对待妹妹。因此，妹妹经常做出轻视、无视姐姐的行为。

艺熙妈妈担心艺熙像自己一样被妹妹"排挤"，为了让老大不受到像自己一样的伤害，她决定干脆从一开始就确立严格的长幼有序观念，让姐姐的地位成为妹妹无法超越的位置。但是，艺熙妈妈的做法过于偏激，反而在老二身上产生了副作用。

"遇到不快我通常都会忍耐，但那孩子总是不停地嘟嘟囔囔，我就会特别生气。"

"孩子太没有好胜心了，什么事都让着别人。有时真的很生气，快疯了。"

"该做的我都做了，从来没比别的妈妈少做什么，但孩子老是落后于别人。看到这真的会很生气，甚至会讨厌孩子。"

妈妈们发脾气的情况太多了，很难一一列举。但是如果发现自己在某种特定情况下会特别生气，且这种状况经常出现，这时就不要从孩子身上找寻生气的原因，而是要把焦点放在自己的成长过程中。

小时候带给我最多伤害的人是谁

几年前，曾有个研究团队针对即将结婚的青年男女做过问卷调查，其中一个问题是：给你带来最多伤害的人是谁？回答"父母"的人的比例达到百分之七十九，差不多相当于十个人当中就有八个人有这种感受。被父母捧在手心里疼爱的孩子，竟然从父母那里受到最多的伤害，这是一件多么讽刺的事啊。

生活中，我们往往会在不知不觉中受到某人的伤害，家人之间更是如此。在进行心理咨询的过程中，我从许多咨询者的倾诉里看到了亲子之间、夫妻之间、兄弟姐妹之间的各种以爱之名造成的伤口。

人的身体有自愈能力，只要不是太严重的伤口，一段时间之后，身体就会自动修复，伤口会愈合，长出新肉。心灵也一样，在日常生活中，难免遇到各种挫折，在大多数情况下，随着时间流逝，心灵也会自动痊愈，人会像什么都没有发生过一样继续生活，但其实伤口还在，而我们往往在这个过程中成长，变得成熟。

但是不管是身体还是心灵，如果严重的伤口在黄金修复时期内未得到适当的治疗，就会酿成严重的后遗症。在成长过程中，内心深处持续反复受到的心灵创伤，等到日后才想要改正、修补，往往是难上加难，尤其是在形成心理结构（psychological structure）的婴幼儿时期受到的伤害，造成的影响会更严重。

过去未治愈的创伤，主导现在的生活

如果在成长过程中，父母总是无差别地表达愤怒，以具有破坏性的方式发泄怒气，那么经历过这种情感痛苦的孩子，长大后也无一例外会有愤怒调节障碍的问题。

时间一久，大多数的人对事件本身通常不太有记忆，但是不会忘记当初经历事件时心中的情感，那些情感会原封不动地储存在大脑中。尤其是愤怒、委屈、罪恶感等负面情绪，它们不会消失，而是会被压抑到无法消除、不易察觉的状态，在某个瞬间以意想不到的方式显露。未曾治愈的过往伤痛，成为我们当下生活中的控制者，左右我们的行为。

问题是，我们通常无法发觉过去的经验正主导着自己的人生。明明已经是母亲了，但内心里"年幼的我"会在某一瞬间突然出现，与"我的孩子"展开斗争，闹脾气、挥舞拳头，抢着扮演主人的角色。

前面所提到的艺熙妈妈遇到的就是这种状况。当老二找艺熙麻烦时，艺熙妈妈会把自己的童年投射到现在的状况中。于是，长久以来没有得到缓解的自身缺憾，就会原封不动地暴露出来。虽然本人并不想那样，却无法控制，因为过去的痛苦情感而未能健康成长的

"年幼的我"，在遇到触发回忆的情况时，便会堂而皇之地登场，毁掉现在的人生，因为到现在她的心还是很痛，还在挣扎。

在"年幼的我"发完脾气之后，重新整理情绪，才发现"我的孩子"已经害怕得哭了起来，这才后悔自己做过的事，感到内疚并向孩子道歉。但是同样的情况还是会再次出现。

心中的"前景"和"背景"必须顺畅地流动才能幸福

从风景画或风景照中，可以看到构图通常有前景和背景。前景位于前面，是一眼就会注意到的焦点位置，因此人们会把重要的、想表现的东西放在前面；相反，背景脱离了关注的焦点，静静地在后面衬托着前景。

人的内心也有前景和背景之分。我们所经历的大大小小的事件，进入内心之后都会成为前景或背景。当曾经是前景的事件在心中得到一定程度的缓解，便会自然而然地被挪到关注之外，成为背景。接着，眼前的新事物成为新的前景，逗留一段时间后，又会流动到深处成为背景。在我们的精神世界里，这种交替在不知不觉中重复进行着。

打个比方好了。火车旅行途中，在行驶中的列车里，我们可以看到树木、田野、山川和小巧玲珑的房屋像流水一样很快地掠过。但突然间行驶中的火车颠簸了起来，前面的车厢脱轨了，从我的座位可以通过窗户直接看到现场！

事故现场的画面无法像前面的风景一样迅速流过我身边，冲击越大，占据我注意力的时间就越长。即便一段时间后火车重新开动，这个事故现场成了过去的风景，也仍旧很难被遗忘，时不时还会浮现在脑海里。前景本该顺畅地流动到后方成为背景，如今却连续几个月，甚至几年，仍停留在前景的位置上。

悬而未决的问题会使孩子变得不幸

如果持续反复受到具有强烈冲击性的心理阴影（trauma）或负面经验影响，前景和背景的交替就会变得不顺利。一个人无法承受且从未解决的事，会在他的心里停留很长一段时间，甚至一辈子，这种状况在心理学上被称为"未竟事务"（unfinished business）。

未竟事务不仅会影响自己，还会在与他人的关系里制造问题，引发生活中的不幸。因为未竟事务而饱受愤怒情绪折磨的父母出乎意料地多，你又是如何呢？童年的伤痛或匮乏是否至今还左右着你的生活？早应该成为背景的情绪和欲望，是否还停留在前景的位置上？现在是不是莫名地投射在了你的子女身上？

如果你会对孩子的某些话语和行为感到特别生气的话，请回顾一下自己的童年。隐隐约约看到伤口时，就试着记录下来，慢慢进入回忆，回想事情的原委，这样会有助于客观分析当时的情况，将你从伤痛中分离出来。

未愈合的伤口不能代代相传，不能让子女也被父母的过去折磨，应该斩断这种悲哀的"遗传"，那才是对子女真正的爱、真正的责任。

KEY POINTS

- 或许已经忘记了事件本身，但当时的情感不会被忘记，会一直原封不动地储藏在我们的脑海里。

- 父母给孩子越多愤怒、羞耻、委屈的情感，孩子的心灵就会越不健康，即使长大成人也会延续不幸的人生。

没完没了的育儿与家务事

因为等待而疲惫的孩子并没有错

"妈妈，念故事给我听。"

一转头，六岁的孩子拿着书站在我身后。而我手上正忙着处理下班回家路上顺便买回来的晚餐材料。

"妈妈现在很忙，等吃过晚饭再念给你听。"

吃过晚饭，正在整理餐桌时，孩子又过来仰头看着我："妈妈，可以念了吗？"脸上满是期待。我说："现在很忙，等妈妈把碗洗好再念。"我真的忙到想把一秒钟掰成两半用，但孩子看起来有点沮丧。

洗碗时，突然发现孩子不知什么时候又拿着书站在旁边，正好挡在我面前，妨碍我做家务。"不要在这里挡路，你会撞到妈妈啊！"我不自觉地将心中的烦躁情绪随口吐露出来，孩子垂头丧气地走到餐桌边坐下。

看到孩子那个样子，我不知怎的火气开始冒上来。我要洗碗，要熨衣服，还要处理从公司带回来的工作，再加上我当时全身上下没有一处不酸痛，实在很想躲开一切躺下来，什么都不管。然而我的孩子会用失望的眼神看着我，到底该怎么办？

孩子似乎没有耐心再等下去，又走到洗碗池边上来。

"妈妈，我还要等多久？"

我深呼吸一次后说：

"妈妈很忙，你也看到了不是吗？碗洗好之后还要晾衣服、看剧本，而且我很累，可以让我先休息一下吗？"

我刻意压低声音，缓缓地说，但声音中其实带着非常重且压抑的愤怒。我对一直希望事事做得完美，却弄得又忙又累的自己感到生气，对只会关在书房里做自己的事情的老公感到生气，对一整天想着妈妈、等着妈妈的孩子感到心疼，继而对自己生气。孩子似乎想说什么，但最后还是转身走开了。看着孩子转身离去的背影，我心里一紧，但是真的好忙又好累。

洗好碗，心想着至少先念一段故事给孩子听也好，走进房间，孩子已经抱着书睡着了。我轻轻地抚摸他的脸庞，哽咽着说"对不起"，心想，怎么不再多等妈妈一下呢？即使时过境迁，当时的状况却还历历在目，只要一想起，仍会感到心痛并流泪。

生气的原因在其他地方

三餐都要洗菜、切菜，吃饱了还要洗碗；衣服要洗、要晾，还要折好放到抽屉里。日复一日的重复性、消耗性的工作，即便努力做得再好也不容易被他人发现，这就是家务。

不管怎么做都做不完，但当天的家务要全做完才能安心地入睡，实在很难顾及孩子的需求。夜深了，孩子别说乖乖睡觉了，他们活力十足地喧闹，把打扫好的房间又弄乱；而丈夫对辛劳的妻子视而不见，只会躺在沙发上看电视。

妻子的耐性已经见底了，愤怒瞬间涌上心头："你想休息，我也想好好休息啊！但要做的家务还堆得像山一样高，为什么这些事只有我在做？""我到底算什么？你没看到我现在在晾衣服吗？""你去照顾一下孩子不行吗？"心里充满怨气，真想一吐为快，但若像机关枪一样咄咄逼人，肯定会跟丈夫吵架。若是真吵起来心里只会更烦躁，所以还是别吵的好。这时，又听到小女儿大哭。

"为什么欺负妹妹？为什么要吵架？啊？""去睡觉，快点！""你现在是在瞪妈妈吗？你这孩子怎么那么不听话？"

愤怒的箭射向孩子，甚至为了让丈夫听到而更大声地咆哮。

孩子们年幼、软弱，自我防御能力有限，所以当大人发脾气时常常会手足无措，只能默默承受。虽然觉得委屈，想辩解，但他们能做的往往只有放声大哭而已。

不要把孩子当成发泄怒气的对象

很多时候父母生气不一定是孩子造成的，但仍不知不觉地把气出在了孩子身上。当然，有些时候孩子确实是引燃怒气的导火线，这种时候父母就会想：虽然说孩子难免会犯错，但也绝不能宽容。再加上孩子相较成人在各方面都比较弱，或许怒气的副作用比较小，所以许多父母确实会把孩子当成出气筒，即使他们不是刻意的。

但你以为孩子不知道吗？不，他们都知道，知道自己受到了不当的对待。"我只是犯了一点点错，可是妈妈却发了好大的脾气，那是因为她跟爸爸吵架、家务做不完、被奶奶唠叨……那些让她不开心的事好像全都发泄到了我身上。"其实孩子都感觉得到，所以会觉得很委屈，觉得被伤害，觉得父母很无情。

"适当地生气"是很重要的事。如果孩子确实做了让人火大的事或真的犯了错，当然要生气，但要依照犯错的程度生气，并以人性化的方式表现，让孩子明白父母生气是有理由的，就不会感到那么委屈，当然也可以减少伤害，让孩子能承认自己的错误并改进。

这样，孩子会与父母更亲近、更信任父母，在不知不觉中学习父母的行为，成长为情绪稳定的人。

找一找生气的根源是什么

被做不完的家务和育儿折磨得疲惫不堪，其他家庭成员又都毫不关心，这样长时间累积下来的压力会让妈妈生气。对婆家或娘家的不满和愤怒会转移到孩子身上，在公司里受到的压力也会借机发泄在孩子身上，要不然怎么会有形容单独育儿的"丧偶式育儿"或"诈尸式育儿"这些用语出现呢？有时因为事情太多导致做什么都不顺利，或单纯因为太累、精神紧绷、情绪敏感，对孩子的一点小小的言行也会感到厌烦和生气。父母们有时会自己意识到这些愤怒，有时则不自觉地就倾倒在了孩子的身上。

父母们的怒气来源有许多种，要找到合适的解决方法，才能从根源上解决问题。如果只是舒缓情绪，效果就只是暂时的。

如果想解决让人身心俱疲的家务事，最实际的策略是向周围寻求帮助。不妨想想有哪些人可以提供支持，当然，另一半一定是第一顺位，没有另一半的协助，自己的幸福是得不到保障的。

KEY POINTS

- 孩子不是怒气的根源，他们只不过是点燃装有怒气的油桶的引线。

- 孩子能认知的范围有限，当孩子理解妈妈的疲惫或难处，却发现无法给予实际帮助时，他们的心里可能会留下伤痕。

看到孩子未达到期望就生气

我的孩子为什么总是差那么 2%

在延秀妈妈的眼里，"2%"（韩国乐天集团的矿泉水品牌，在 2000 年花重金请全智贤和郑雨盛拍广告而爆红。"2%不足"后来成为流行用语，广泛用在各种状况，形容"就差那么一点点"的意思）的饮料广告根本就是在形容延秀。因为他不管做什么总是差那么一点，让人觉得可惜。明明只要再努力一点点就可以达到圆满，那个"一点点"有那么困难吗？这常常让延秀妈妈忍不住对延秀发脾气。

遗憾、可惜、难受、看不顺眼等复杂的情绪一旦缠绕在她身上，就会转化成怒气，让她转而去攻击孩子。经过一番"噼里啪啦"的发泄后，承受那些气话的孩子就会变得既可怜又有罪恶感。

大家都说延秀已经做得很好了，为什么还要挑剔他？是不是妈妈的要求太高了？事实上，延秀属于多才多艺的类型，这一点延秀妈妈也知道，但她还是觉得不够好，总是期待他的表现再好个 2%。然而一旦发现期待无法实现，她就会沮丧。

延秀妈妈是个完美主义者，她的满足感只是暂时的，很快又会看到不足的地方，一旦要求和期待得不到满足，就会心中冒火并立刻指责孩子。即使延秀满足了她的期待，她也会立刻要求孩子达到更高的标准来满足她，如此反复，形成了不断要求又不断失望的恶性循环。

自尊感越低的人，完美主义倾向越强

要理解完美主义，就要先了解自尊感。自尊感是自我尊重感（self-esteem）的简称，是对自身存在尊贵与否的自我评价，大体可以从自我价值和自我能力两个方面来解释。

自我价值是看自己是否具有值得人们喜爱的价值。如果一个人相信自己是"有价值且重要的人"，那么即使别人对他漠不关心甚至随意批评，他也不会受到太大的伤害，因为这样的人知道自己的价值不是由别人评价得来的。

自我能力是看一个人在做没做过的事情或尝试新事物的时候，是否相信自己可以做好。"我可以做到！"——因为有自信，所以即使实际上能力稍弱，也不会因害怕失败而不敢去尝试。这种人很清楚谁都会有失误或失败的时候，也明白，那些不是验证自己能力优劣的方法。

　　对自我价值和自我能力拥有很高认知的人，不一定是非常有能力的人，但他们知道不应该以别人的评价来评断自己，而是该由"我"来评价自己。因为来自别人的评价变量很多，每个人的标准也不一样，所以他人的评价必定不是绝对可靠的。

　　自尊感高的人，会认识到自己的绝对价值和能力，因此无论他人说什么，都不太会受影响。因为他们会定义自己是个"还不错的人"，并对这样的自己有所期待。相反，自尊感低的人无法认同自我价值，只有得到别人的称赞时，才会觉得自己还不错；一旦受到批评，就会觉得自己毫无用处。

　　羞耻感和被拒感是让人进行自我认识的最残忍的方式。羞耻感强烈的人在被无视或别人不认同他的自我价值的时候，反应会特别激烈。而完美主义就是人为了摆脱这种羞耻感所创造出来的结果，因为当事人认为只有做到完美，自己的价值才能得到认同。

完美主义父母会将羞耻感传给孩子

"没有一百分，就等于零分！不是完美的成功者就是完全的失败者！"在完美主义者心中，只有这样两个极端的概念存在，没有任何"中间地带"。完美主义者拼命追求完美，是因为他们认为只有成功才能掩盖自己的羞耻感。不完美就等于失败，所以像延秀妈妈一样的完美主义父母，会不断要求子女达到"完美"，这也是他们连2%的微小不足都不能容忍的原因。

完美主义父母对子女期待过高，常常会设立一些与孩子的性格和能力无关、仅仅符合自己要求的目标。所以孩子自然会反复失败，饱受挫折和羞耻感的折磨，却仍要继续满足父母的期待。对孩子来说，就像是没有尽头的艰难远征一样。

在这个过程中，孩子和父母都会体会到挫折、羞耻、自卑、内疚的感受，这些负面情绪会引发愤怒。如果父母发火，年幼的孩子会因恐惧而畏缩，或压抑自己的愤怒；但是青春期的孩子往往会将愤怒表达出来，亲子关系容易因此急剧恶化。

同时孩子也会像父母一样，对自己的存在感到羞耻，渐渐地成长为自尊感低下的人。也就是说，自尊感低下的父母在教养子女的过程中，容易让子女也成为自尊感低下的人。

自恋倾向较强的父母希望通过子女满足自己的需求

每个人都多少有一点自恋的倾向，会想要站在舞台的中心，希望别人认同自己是个不错的人。健康的自恋心态，可以成为自我发展的原动力；但是不健康的过分自恋，会让自己和家人感到痛苦。

不健康的自恋心态，会使人认为自己是一个非常特别的存在，以自我中心式的思考模式和心态看待周遭的人、事、物，会为了自己而利用他人。

对子女也不例外，自恋的父母认为孩子表现良好是因为"我教得好"，乍看他们似乎为了子女的成功而费心费力，但仔细观察就会发现，他们其实是为了满足自己的需求才奉献的。如果孩子的表现不能抵偿他们的付出、满足他们的期待，那么孩子就会受到严厉的批评。他们对于孩子遭受的心理上的伤痛，不会产生同理心，因为自己的感受和欲望才是最重要的，所以不会去理解别人的痛苦和想法。

完美主义或不健康的自恋倾向，主要是因为成长过程中受到了伤害而产生的，特别是父母的影响。人不可能尽善尽美，各位读者的父母是如此，现在成为父母的你们和我也是如此。接受和承认自己的不完美和软弱，只有这样，自我发展才会更健全，我们才能成为更好的父母，建立更幸福的家庭。

KEY POINTS

- 完美主义父母和拥有不健康自恋倾向的父母会对无法满足期望的子女感到愤怒，让子女产生羞耻感。

- 在孩子心中烙下的羞耻感是导致悲惨人生的"主谋"，对再年幼的孩子也要谨言慎行，以免伤了孩子的自尊。

"和我一样" "和我不一样" 所产生的负面情感

和我不一样！为慢吞吞的孩子而心焦

小俊妈妈最近的苦恼是她发现自己似乎太常对孩子发脾气。小俊的言行总是刺激着她的神经，常常忍不住一把火就蹿上来了。

就算托管班的校车已经等在外面了，小俊也绝不会加快脚步。叫他去跑腿办事他准会慢吞吞的，吃饭也慢条斯理，不管做什么事都做不快。在小俊妈妈看来，他并非单纯"不急"，而是根本"没有用心"。

一次，小俊吃热狗，咬了一口太烫了吃不下去，却又不知为何磨磨蹭蹭的，没有马上吐出来，最后造成上腭处的口腔黏膜烫伤。

"吐出来！吐在这里！快吐到妈妈手里，快！"

当时小俊妈妈立刻摊开了手掌，小俊却迟迟不吐出来，只是眼里噙着泪水愣在原地。小俊妈妈感到非常郁闷，又很生气，真想揍他一顿。看着孩子被烫伤的嘴，心疼和怒气一并冲上心头。

"你是阿呆吗？弟弟那么小都知道吃了烫的东西要马上吐出来，你为什么不吐出来？！我真是快被你气疯了，到底是遗传的谁？动作这么慢，妈妈和爸爸都不会这样啊，为什么只有你这样？真是太不像我的孩子了，哎哟，真是会被你气死！"

因为孩子像我一样被动又小心翼翼而生气

英厚妈妈的情况正好相反，看到性格举止和自己完全相同的儿子，气得受不了。英厚是个九岁的男孩，外貌像爸爸，而做事态度像妈妈，简直一模一样。

英厚妈妈是个既被动又凡事小心翼翼的人。她长大后回想起来才觉悟，这样的个性让自己错过了很多好机会，无法尽情展示自己的能力，并且似乎因此被低估了，才没有得到更好的发展。英厚妈妈常常为此感到委屈。

看到英厚和自己的个性一模一样，她真的很担心，感觉孩子好像也会跟自己一样，在不知不觉中吃亏，得不到别人的认可。

有一次参加家长开放日活动的时候，看到英厚的表现，英厚妈妈难过得都流泪了。因为上课时英厚不仅没有主动举手发言，甚至在机会到来时也只是摇摇头，表现出被动、怕事的态度，和英厚妈妈自己小时候完全一样。

从那以后，为了改变英厚，英厚妈妈常常对他唠叨、劝导甚至训斥，但孩子的慢吞吞并没有改变，反而母子关系恶化，最近连话都不太说了。英厚变得越发小心谨慎，做什么事都要先看妈妈的眼色，这让她更加火冒三丈，不知该怎么办才好。

不是孩子的问题，是父母的问题

有的父母因为孩子像自己而生气，有的父母却因孩子不像自己而发火。从父母的角度来看，如果子女没有遗传到自己的优点，缺点却像极了自己，一定会感到很遗憾。

但是，如果不仅仅是在情绪上感到遗憾，而是到了感到烦躁或经常对孩子发火的程度，就有必要审视一下身为父母的自己的心理状态了。

低自尊的父母

　　身为父母，如果有积极的自我概念或高度自尊感的话，即使子女的短处和自己很像，也不会生气到无法忍受的程度。因为这类父母本身就对自身的优点和缺点有着很高的接受度。

　　因为对自己有比较完整的了解，所以就算对缺点感到遗憾，也不会因此觉得羞耻。这类父母面对孩子时也是用相同的视角，所以在教养过程中，不会因为看到孩子身上有和自己一样的缺点而气愤，也不会因此对孩子有所责难。

　　但若是自尊感比较低的父母，因为本身对自我价值的认同度就不高，连带也会怀疑与自己相关的事物到底价值何在，例如抱持"我那么差还能做出什么了不起的东西？"的想法。也正因为有这种想法，所以如果发现孩子像自己，就会否定孩子的价值。

　　有些父母会因为孩子遗传到自己感到羞耻、不喜欢的部分而感到抱歉，甚至是内疚。他们会生自己的气，心想："你怎么会选择当我的小孩呢？过得这么累。""我有什么好的，居然还生孩子？"

　　有的妈妈会看着熟睡的孩子，一边默默哭泣一边道歉：“你运气不好，摊上我这样的妈妈，所以才会这么辛苦，对不起。”

自以为是的父母

自以为是的父母也有类似的情况，他们对于自己的长处过分自信，总是相信自己才是正确的。

“车在等当然要快点跑过去，有事就要赶快做，你怎么就是学不会呢？拜托你学一学妈妈。”

自以为是的父母总是这样催促孩子。

每个人都有长处和短处，没有人真的十全十美或一无是处，而且各自的生活方式不一样，没有哪一种是绝对正确的。但是父母却局限在自己的想法里，强迫孩子也要完全照自己的方式思考、做事。

孩子动作快或慢，这并非本质性的问题，只因为父母相信自己是对的，所以固执地强迫孩子去做。与其说是刻意的，不如说很多父母根本不知道自己在强迫孩子。

内心健康的父母不管子女与自己相似还是不同，都把子女视为独立个体，而非自己的复制品。所以不管自身过去的经验如何，都会对孩子当下的表现做出适当的反应，不会独断哪种个性好、哪种个性差，因为他们充分了解人都有优缺点。

在对孩子生气前，先审视自己的情绪

"客观地看待孩子"，意指不管父母怀有怎样的期待、过去经历过什么伤痛，都能跳脱框架去认识自己孩子的优点和缺点。只要帮助孩子将优点开发得更丰富，同时尽量弥补缺点就可以了。但是，如果放任自己的伤痛或缺憾掺杂其中，教养孩子时就会遇到困难。

如果你是会因为孩子"像我"或"不像我"而生气的人，请先仔细审视自己内心所想，想想自己为什么会生气，在生气背后隐藏着的真正情绪是什么。苦闷、心疼、担心、不安、焦虑等情绪，很多都是从迫切希望孩子有出息的心情开始的。

这种恳切的心情分明是出于为人父母的温暖的爱，应该是为孩子加油的鼓励之心，但表现出来时却化作生气和责难，非常可惜。我们应该将这样的爱，好好地用爱的方式表现出来。所以，生气之前先回头审视一下身为大人的自己吧，这才是让父母和子女都健康、幸福的做法。

KEY POINTS

- 父母如果认为孩子的缺点与自己相似，就应该先努力自我改善，因为孩子会无意识地内化父母的行为。

- 有时可以像看邻居家的孩子那样看待自己的子女，摆脱主观狭隘的视角，客观地寻找孩子的优点，有针对性地发扬、培养，并帮助孩子弥补缺点。

不成熟的妈妈，拿孩子发泄怒气

希望妈妈不要来参加我的婚礼

一名中年妇女去面试商店的工作，迟到了整整一个半小时，却还理直气壮地为自己辩解。老板说面试迟到就失去资格，请她回去，女人怒火中烧，瞬间把店里的商品统统扫到地上，然后若无其事地扬长而去。

她的女儿从小就在妈妈动不动就暴怒的环境下长大，不想一生只有一次的婚礼被妈妈毁掉，所以希望她不要出席婚礼。听到这句话，妈妈气得火冒三丈："从此时此刻起我再也不是你妈妈！"然后把女儿吃到一半的食物抢过来扔进了垃圾桶。

这是法国电影《科帕卡巴纳》（*Copacabana*）里的情节。由戛纳影后伊莎贝尔·于佩尔饰演的妈妈，做每件事都一样，只要稍微不顺自己的意，火气就立刻冒上来，愤怒得不得了，把他人的想法和情绪全都抛在脑后，注意力全部放在自己身上。

这样过了一辈子，丈夫和朋友都离开了她，工作上也不断与人发生冲突。在外头生了气，回到家里就找无辜的女儿发泄，女儿经常成为她泄愤的对象。

女儿不仅得不到妈妈的照顾，也没有安定的成长环境，对妈妈只有愤怒，甚至想摆脱她。女儿一定对易怒的妈妈失望到了极点，否则怎么会连自己的婚礼都不想让妈妈出席呢？

拿孩子出气的父母

韩国有句俗语："在钟路被打耳光，到汉江冲人瞪眼。"意思就是当下不表露情绪，事后才拿别人当出气筒。例如因为老公而生气，却没对他发火，反而对刚好在外面玩到很晚回家的孩子发飙。

这是一种被称为"转移"（displacement）的心理防御机制，如果经常发生在亲子关系中，可能会严重影响子女的情绪，因为他们通常都是单方面承受的一方。

我曾经遇到过一个妈妈，她只要一生气就会忘记自己是个妈妈，把气全出在孩子身上，事后又感到内疚。不管生气的原因是什么，她总是拿孩子开刀，在生气的时候，她从来没有意识到孩子是需要照顾的对象。

即使妈妈不合理地对孩子发怒，孩子也无法争辩、没有力气反抗，最多只能以哭闹或耍赖的方式表达情绪。因此，妈妈不觉得孩子会构成威胁，进而放任自己随意对孩子发火。

一位妈妈在接受过咨询后表示，这是她第一次思考："当我乱发脾气时，孩子是什么心情？当时他心里在想什么呢？"明明没有犯错，却要承受比自己做错事时更大的怒火，不知孩子心中会有多委屈、多憎恨父母啊。

不擅长情绪调节的父母

驾驶水平不高的人，因驾驶不当而发生危险事故的概率很大。同样地，情绪调节能力不强的人，也有很大的概率因为无法正确处理激烈的情绪而破坏人际关系。

因为在成长过程中没有学会理解和调节自己的情绪，所以才会随随便便就发火。发火不看对象，不知道该怎么发泄怒气，也不知道该什么时候停下来。无法对当事人发怒，就将怒气宣泄在其他人身上，这也是情绪调节不成熟的表现。

情绪调节不成熟的父母，会宣称都是因为孩子不听话、不念书、爱吵架，自己才会生气。外人听起来这些理由似乎很正当，但实际上是这些父母不知道如何调节情绪，所以才会向相对弱势的孩子发脾气。

如果父母发怒的理由没有一贯性，动不动就发脾气，孩子心中就会对父母产生抗拒，委屈会慢慢积累并转变成愤怒，成为不幸人生的种子。

未摆脱以自我为中心的幼儿思考模式的父母

以自我为中心，是人在幼儿期的代表性思考模式。认为世界以自己为中心运行，并且以自己的标准来思考和解释一切：我觉得好吃的东西别人也一定会觉得好吃；我觉得应该这样做，别人也会有同样的想法。

幼小的孩子在父母生日时，会把自己喜欢的玩具或贴纸送给父母，这种行为也是出于以自我为中心的思考模式。他们无法理解别人有着与自己不同的感情、想法和价值观，当然就不会替别人着想或照顾别人。

过了幼儿期，一般人会从以自我为中心的思维中脱离。不过，像电影《科帕卡巴纳》的女主角那样长大成人了却还停留在幼儿期思考模式的人也不少。

照顾子女是父母最基本的义务，但是以自我为中心的父母包容子女、关怀子女、为子女奉献的想法比一般父母少。比起孩子的情绪和欲望，他们对自己的情绪和欲望更加敏感和忠实。

如果有人提出违背他们意愿的要求，或做出阻碍他们的行为，他们就会生气，而且很难控制情绪、忍气吞声，非常容易动不动就对孩子发脾气。严重时他们甚至会把孩子当成竞争对手，例如在与孩子玩游戏时过于认真，要是输掉比赛就会很不高兴、大声斥责孩子。

培养辨别正当性与不当性的能力

然而，我并不是说父母完全不可以生气。正当的生气应该是"在该生气的时候生气"，即"普遍性及正当性得到认可的怒气"。正当的生气能在教育子女时起到重要的作用。

不成熟的父母由于不善于客观思考，很难分辨正当和不当的怒气；但是身为泄愤对象的子女，其实是知道父母的怒气正当与否的。孩子感觉得到有什么地方不对劲，心里会觉得郁闷、委屈，觉得难受，甚至也会和大人一样生气。

孩子或许无法有条理地说出心里的感受，但会用哭或闹脾气的方式表达自己的心情。这种时候不要置之不理，最好问问孩子。父母可以一边安慰孩子，一边等他们说出想说的话。

也许有人会反问，我自己都快气死了，哪里会想到问孩子的感受？是啊，若是以自我为中心、情绪调节不成熟的父母更是如此，哪里还做得到顾虑别人呢？但若带着为孩子的幸福着想的意志去尝试，就会变得从容而有力量。没有人一开始就能做得很好，但在反复失败的过程中，人会慢慢得到要领，逐渐熟练起来。请一定鼓起勇气去尝试，哪怕只有一次也好。

承认自己的懦弱，重新找回为人父母的本性

完美的妈妈并不存在，妈妈也有因过往的伤痛、现实压力造成的脆弱的部分。因此，妈妈要先了解自己的缺点和优点，这一点非常重要。唯有承认自己丑

陋、不足、令人不满意的一面，并且接受自己的不完美，才能具备以健康心态养育孩子的潜力。

母亲献出自己的身体，将一个生命带到这个世界，再献出自己的心，养育这个生命。请回想一下，你是否在怀孕时听说什么东西对孩子不好就不吃、不好的行为就不做，忍住了自己的欲望呢？同样地，在养育孩子时也需要控制自己的情绪和欲望。

"我生气时孩子是什么感觉？""当我做出那些行为时，孩子心里会是什么想法？"如果能这样想，亲子间就会多一些温情。我是孩子的妈妈，是他在这个世界上生存的唯一依靠，多么崇高的角色。各位身为妈妈的读者，请多多尝试，发扬潜藏在内心的母性吧。

妈妈跟她的第一个孩子"同岁"

身为父母，你有多成熟？别因为前面罗列了许多不成熟家长的例子而灰心。现在你还是个年幼的妈妈、笨拙的妈妈，因为妈妈和第一个孩子同岁，如果你的孩子五岁，作为妈妈的你也是五岁。

所有父母都是这样和孩子一起成长的。我们不是成长后才成为父母，而是从成为父母的那一瞬间开始新的成长。所以像帮助孩子成长一样，我们自己也要努力成长。

如此一来，有一天你会感觉到自己一下子就成长了，从受大人照顾的子女的角色，摇身一变成为真正能照顾自己孩子的人。

KEY POINTS

- "正当的生气"可以让孩子不至于感到过度的委屈和愤怒，信任并顺从父母，修正行为。

- "不当的生气"会在不同性格的孩子身上产生不同的影响。有时可能会让孩子变得对很多事都心生畏惧，或是出现暴力、攻击的状况。二者的共同点是自尊感低，被压抑的愤怒在心中堆积如山。

孩子不听话就会生气、烦躁

想做什么都不能随心所欲

"妈妈连我们家附近的公园都不让我一个人去。我朋友都可以自己骑自行车去玩，只有我不行，我想做什么都不行。"

这是老大在小学三四年级时，有次爷爷提议让他自己去爷爷家，孩子回答的内容。虽然是很久以前的事情，但我至今仍然忘不了他当时说话的语气。

声音带着怒气，表情似乎在隐忍，嘴巴和脸上的肌肉都在用力。孩子两个腮帮子鼓鼓的，眼睛睁得大大的，看了我一眼。我看到他眼里噙着泪水。

一种难以表达的复杂情绪涌上心头。最让我感到慌乱的是，我不知道那件事居然让孩子这么生气。看他那么痛苦，我也觉得很抱歉，他短短的几句话却表现出那么激烈的情绪，真的让我很惊讶。那是被他人控制所产生的郁闷，虽然是自己的生活，本人却没有任何决定权，无力感和由此引发的愤怒同时涌出。

利用"生气"这种不恰当的工具来控制孩子

说来很羞愧，但那是我第一次意识到，孩子会因为我的控制而感到痛苦。我并没有让孩子受苦的意图，只是觉得自己的想法是正确的，所以要求孩子顺从，这也是理所当然的吧。

当时我认为，从我们家到公园要经过一条六车道的马路，小孩子一个人去很危险。而且当时诱拐事件频发，为了孩子的安全，不得不进行限制。所以即便孩子反抗，我也会强制要求他听话，最终以"生气"这种不好的方法进行控制。强制的力量所带来的副作用，便原封不动地留在了孩子身上。

是的，我是个有控制欲的妈妈。不管原本的用意是什么，最后都会演变成"只有按照我的指示去做，才是最好的"，于是孩子的情绪和意见经常被无视。有个不时限制活动自由的妈妈，孩子会多郁闷、多委屈、多气愤呢？

越是不安的父母，越想控制子女

想要控制孩子的父母，内心深处都有一种不安感。焦虑使他们把注意力集中在孩子身上，因为过度担心、过分专注，因此对孩子的所有事情都管得非常严。

不安的父母认为孩子唯有按照自己的吩咐去做才安全，所以，为了保护孩子，即使生气、打骂，也要让孩子顺从。从这种脉络中就可以理解所谓的"过度保护"是什么样子了。

父母因为孩子不听话而生气的另一个理由，可能是为了巩固自己的地位与权威。孩子不服从，父母会感到挫折，产生"你是不把爸妈放在眼里吗？你把我们当什么啊？"这样的想法。这种现象多半出现在有严重自卑感、自尊极度低落的父母身上。

深入观察后，就会发现这种挫折感与不安连在一起，是对自己身为父母的权威得不到认可的不安感。从根源上来说，这也是对自身存在的不安。为了消除这种不安情绪，便以动怒的方式来控制孩子。

当然，并不是说控制就一定不好，教育子女确实需要一定程度的控制。但是如果过分限制孩子的自由，就会造成反效果。同时，若以暴力手段控制孩子，孩子会感到羞耻并产生罪恶感。

不能合理化以爱之名的控制

父母常以"因为我爱你"或"一切都是为你好"这种话来控制孩子。如果因控制方式不被孩子接受而感到愤怒，那就要想想自己的控制行为到底是出于爱，还是自私的欲望在作祟。

真正的爱从尊重对方开始，进而帮助对方与自己一同成长。对子女的爱也是一样，对方并不是为了满足我、达到我的目标而存在的。

还记得小时候吃的盒装什锦饼干吗？盒子里有我喜欢的饼干，也有我不喜欢、觉得不好吃的。孩子就像一盒什锦饼干，有我喜欢的部分，当然也有我不喜欢的部分。接受和尊重孩子身上令人不满意的部分，那才是爱。

你对孩子的控制欲的根源在哪里？当想要控制的欲望蠢蠢欲动时，请记住一点：即使是孩子，在遭受到自己不情愿的控制时，也会感到愤怒。

KEY POINTS

- 如果父母每次都通过发怒的方式来控制孩子，那么在真正需要控制孩子的时候就会很难见效。

- 从小得到父母给予的适当自主权的孩子，问题解决能力强，长大后也能有智慧地自我主导生活。

第二章

「生气」到底是什么

是不请自来的客人，还是隐藏在我内心的老房东

生气与愤怒，是挫折的另一个名字

"生气"的定义是"发怒，因不合心意而不愉快"；"愤怒"则是"因极度不满而情绪激动"。生气与愤怒都与性情有关，都可以归类为"因气恼或不悦而产生的不快感情"。

生气和愤怒都是因不愉快而产生的感情，不愉快是因为事情发展不顺自己的心意，也就是说，它们都是由挫折引起的感情。

生气并非因为"情况"，而是源于"想法"

我们经常用"火大"来形容生气的感受。仔细想想，"火"和"气"其实有不少相似的地方。"火"是物体燃烧时产生的光焰，燃料被点着就会瞬间燃烧，若

任由火越烧越大，就会渐渐席卷周围的事物，让一切化为焦土。人心中的火也一样。

想要让物体起火，光有燃料不行，只有火种也不行，必须同时具备燃料和火种，两者接触才能产生火。生气的原理也是相似的。

我们在许多情况下都会感到挫折、失望、灰心丧气，例如承受着生计的压力、在工作中遇到挫折、在人际关系中吃了苦头。从表面上来看好像是这些情况让我们生气的，但严格来说，点燃了怒火的并不是这些情况本身。

我们可以把事情的状况比喻为装在桶子里的汽油，如果有人往油桶里扔一根点燃的火柴，汽油就会一下子燃烧起来。心里的火也是一样，压力就像积压在心里的汽油，一旦接触到一点点火星，就会瞬间爆发、燃烧。

挫折和"想法"相遇，就会产生火气

像火柴一样引发心中怒气的火种是什么呢？专家们说那个叫"想法"，也就是说，比起性格上的问题，其实"想法"的影响更大。

压力的种类有很多，根据不同情况，一个人可能会生气，也可能平顺地度过。举例来说，如果感到劳累，想躺下休息，这只是身体不舒服而已，心里不会产生怒气。

要是这时孩子偏偏在一旁妈妈长妈妈短地呼唤，一下要找什么玩具，一下又问东问西，让妈妈怎么也没办法好好躺下休息，那么这时妈妈心里就会想："孩子为什么要这样折磨我？""为什么什么事都要找我？"再看到一旁无动于衷的老公，又会心想："孩子那样吵，他难道都听不见吗？有时间看电视，为什么不帮忙照顾小孩？""难道你是老爷，我是女佣吗？"种种埋怨的想法开始浮现。

就在那一瞬间，心中的火开始燃烧，超越了原本只是单纯因疲劳造成的身体压力，把"孩子或老公的错"和"我的痛苦"连在一起，越想就越生气。妈妈身体不舒服，孩子就应该安静地去做该做的事，但是他没有；老婆累坏了，应该关心一下，帮忙照顾孩子，但老公却不闻不问。所以妈妈才会生气。

发脾气对有些人来说已经成为日常生活的一部分。这些人普遍对很多事都不满，遇到一点点不顺就会嘟嘟囔囔，总认为别人都是错的，经常埋怨。在旁人眼中，他们就像随时准备发火的人，不过他们本人通常没有自觉。

由于这些人容易因为一点小事就大发雷霆，所以周围的人就会担心一不小心"摸了老虎屁股"，进而与他们保持距离。不过同在一个屋檐下的家人就很辛苦了，他们的另一半因为是成人，所以或许可以自我调适，但年幼的子女就会受到严重的影响。

童年未愈合的伤口的副作用

生活中令人心灵受创的事数不胜数，若有尚未愈合的伤口留在心里，那么就随时有可能因为遭遇不顺的情况而触发生气的"想法"。一旦产生压力，不愉快的情绪就会滋长，一般人可能情绪过去就算了，但若与幼时的伤口联系在一起，人就会产生负面想法并开始生气。

这些伤口在与年幼的子女相处时也会无差别地被拨弄，尤其是孩子正处于心理结构成形的幼儿时期，如果孩子无法理解父母生气的原因，就容易因此产生不安、恐惧、羞愧、愤怒等负面情绪。父母应该知道，这些情绪对造成心理结构错位有极大的影响，心理结构一旦成形就很难修正，所以后果非常严重。

当你感觉到自己很难控制怒气，甚至已经使人际关系出现问题时，请试着回溯儿时的经历，想想小时候被父母否定时你有什么反应？回想父母、老师、祖父母等"有权威"的人中，有没有让你感到痛苦的人？若能回忆起具体事件就更好了，或许当时曾有委屈、恐惧、自卑感，这些都可能是今日制造愤怒的原因。它们也许正躲在你的内心深处，寻找合适的时机爆发。

KEY POINTS

- 如果心中一直悬着某个问题，请试着从完全不同的角度重新检视。

- 同样的物品也会因为角度的不同而看起来有差异。小时候看待事物的观点和现在身为成年人的观点也不尽相同，感觉出其中的差异，或许就能成为治愈心灵的钥匙。

🐦 越生气越火大

生气的无限法则

忍着忍着实在忍不下去了，火气爆发出来，我们一般会说是"忍耐到了极限"，意思是人的耐性多寡是固定的，一直使用，总有一天会全都用掉。大家也这么想吗？

物质的总量有限，持续使用的话最后全用完就消失了，这是总量法则。让我们回想一下过了睡觉时间但孩子还是不睡觉，缠着我们再多陪他们玩一会儿时的状况吧。

假设大家所拥有的耐心总和是十分，刚开始孩子稍微超过睡觉时间的时候，妈妈还能好声好气地对孩子说赶快睡觉。这时使用了二分的耐心。

"妈妈要做完家务才能睡觉。你要赶快去睡觉，明天早上才不会赖床啊。"尽管如此劝说，孩子仍然固执地把绘本放在正在叠衣服的妈妈的膝盖上，要求妈妈念故事给自己听。这时大概用了四分的耐心。

孩子不知道是听见了还是没听见，仍旧一直跟妈妈哼唧。和孩子的哭闹成正比，妈妈也越来越生气了。心里有股热腾腾的气在攒动，感觉忍耐力正在下降。

想不到孩子接下来的要求不是念故事，而是莫名其妙要吃白天剩下的冰激凌。妈妈因为不忍心看到孩子哭着睡着的样子，所以尽量耐心地哄着，然而这时她已经必须努力抓住快要断线的耐心。

最后终于触底了。本想把孩子带回房间，孩子却向冰箱冲过去，于是妈妈忍不住咆哮："喂，你讨骂是不是？想边哭边睡吗？"因为整整十分的耐心都已经用光了。

如果心中的怒气也是限量的，爆发几次后怒气用尽，便再也不能发火，会怎么样呢？那么不只是亲子关系，世界上所有的人际关系都会变得更和谐——可惜事实并非如此。

生气是完全不适用总量法则的，反而恰恰相反：不会越来越平静，而是越来越火大。那么生气的规律是"无限法则"吗？把气发泄出来并不会让心情冷静，怒气反而会像不断涌出的泉水一样不停歇。生气的父母连对捧在手心里的孩子也会发起脾气，每天都经历着无法控制怒气的痛苦。

为什么会越来越气

　　韩国教育电视台（EBS）的纪录片《我生气的真正理由》中，介绍过心理学家布什曼（Brad Bushman）博士的"愤怒表现实验"。他把生气的人分成两组，一组在生气时将情绪向外表现出来，另一组则安静地冥想。

　　结果，那些向外发泄怒火的人反而比刚开始更具攻击性。把愤怒表现出来并不代表气就能消了，气还是一直停留在心里，反复沸腾。

　　生气的时候，我们身体里的血液循环会加速。因此，反复发脾气，身体的肌肉会得到锻炼，变得更强壮；但是掌管思考的头脑的功能却会越来越弱，人就会变得不理性。

　　同时，生气时的情绪和想法，会引出许多过去的经历，例如对方过去做过什么对不起自己的事、有过什么让人心情不好的行为，当时痛苦的情感会持续浮现，刺激怒气正盛的当事人。火气越大，就会越确信那些不好的记忆，随着理性思考越来越有限，逐渐升温的愤怒不断扩大、增生，形成恶性循环，火气就会越来越大。

内啡肽召唤怒火

如果愤怒像火山一样瞬间喷发，那么发完后就会消失吗？当然，发泄不是完全没效果，有人在盛怒时会有大叫、扔东西等比较激烈的行为，他们可以从中得到暂时的快感。因为做那些行为就像运动一样，我们的身体会产生一种叫作内啡肽（endorphin）的物质，带来愉快、陶醉的感觉，有点类似于成就感。但是这种心情只是暂时的，大部分情况下，比起短时间的痛快效果，损失反而更大，发泄后往往会留下破裂的关系、空虚感和罪恶感。

以具有攻击性、破坏性的方式消除怒火的人，会在不知不觉中重复这些行为。享受发泄当下暂时的良好感觉，结果便上了瘾，发泄成了习惯。父母若习惯性地以激烈的方式发泄怒气，会在年幼的子女心中留下可怕的印象。特别是婴幼儿时期的孩子，由于正处于心理结构成形的时期，更容易受到莫大的伤害。

生气是一种可以保护自己的情感

人都会生气，生气的时候，忍耐着不表现出来就是好的吗？其实，将怒气表现出来本身并不是问题，会产生问题通常是由于以具有攻击性或破坏性的方法表达愤怒。

愤怒是人类生存必须有的情绪，是进行自我防御的重要情绪。如果来来往往的人经过我时都莫名其妙地打我，而我都忍气吞声，不表现出来，结果会怎么样呢？

最后可能会受伤去医院，严重的话甚至有生命危险。爆发性、冲动性的发怒固然会引发问题，但一直忍着也不是件好事，若是忍到不能忍的地步，情况会变得无法承受。

过去的人总是教育孩子凡事要多忍耐，在那样的观念下长大的人，在当了父母之后也会要求自己的子女忍气吞声，不然就是没有教养或莽撞草率的人。

所以孩子们在未能完全体会自己的情绪的时候，就被教导"生气是负面情感，必须忍耐才行"，反而会错过学习如何了解和调节自己情绪的机会。

人都有怒气，你可以选择忍耐，当然也可以选择发泄出来，重点是要学习如何理性、适当地发泄。生气发怒不是为了伤害别人，而是为了保护自己。因此，对发脾气这件事我们也没有必要害怕或回避。

KEY POINTS

- 忍气吞声成心病，在韩国俗称"火病"，是因为怒火郁积郁在心中而引发的身体疾病。

- 情绪没有绝对好坏、对错的价值概念。父母要切实理解生气的前因后果，才能帮助孩子学习管理愤怒情绪的方法。

伪装高超的另一种面孔

生气有千张面孔

提到生气的人，你会想到什么？是皱着眉头大吼大叫、扔东西、拳头捶桌子，还是气鼓鼓、红通通的脸庞？愤怒不会轻易显露自己的真面目，而是会以很多种截然不同的面孔出现，所以人们有时候会意识不到自己生气了这个事实。

愤怒会乔装成各种各样的面孔，这是为了将生气造成的损失最小化。表面上看起来好像没有生气，其实只是不想受到别人的指责或攻击。这是一个人的本能防御，也是伪装术，换句话说就是生存战略。

消极的情感会成群结队

类似的情感通常会成群结队，一齐涌上心头，负面情感尤其如此。生气的时候不单是生气，还会伴随着委屈、羞耻、受挫、失望、伤心、痛苦、厌恶、难过、罪恶感、不满、不安、烦躁等情绪。

在愤怒的背后，这些情感混乱地融合在一起，如果没有明显区隔，就会全都凝聚成"愤怒"表现出来。也就是说，如果不能正确分辨自己当下的情感，那么即使是伤心也会发火，觉得丢脸时也会发火。

这种情形在还不懂得区别情感的孩子身上很容易看到。例如孩子被别人取笑后感到丢脸，就会突然发火，甚至以打人来泄愤；或是在玩积木时因为一直堆不好，感到受挫而发怒。

大人若没有充分了解自己的情感，也会表现出一样的反应。遇到这种情况的人前来咨询时，我会引导他们洞察自己在"生气"这个面具下的其他情感，帮助他们认识那些情感与生气有什么关联。利用形容各种情感的词语目录进行咨询，或写下"情感日记"，也有很大的帮助。

理解愤怒变成的各种面孔

想要调节怒气，首先要认识生气的两大面孔。一种是任谁一看就知道在发火的表现；另一种是虽然内心感到愤怒，但因为某些原因而让愤怒转换成其他看起来和生气无关的情绪和行动。

像大声喊叫、撕扯或扔东西等具有攻击性的行为，使用暴力向对方宣泄不满情绪、故意无视对方的行为，做出带有指责意味的表情，说出嘲讽的话等，从这些直接的表现方式中都可以知道对方生气了，当事人也会意识到自己正处于愤怒状态。

相反，有些人从外表上看不出来到底有没有生气，有时连他自己也不确定自己是不是生气了。从精神健康的角度来看，这不是好的信号。

所以，为了好好调节"生气"这种情绪，第一步就是要意识到自己生气了。唯有知道自己处于生气的情绪中，才能控制自己。

生气最常见的面孔：抑郁

生气最常使用的面具是"抑郁"。抑郁是被压抑的否定情绪在攻击自己时产生的情感。也许是生自己的气，也许是虐待自己，如果情况严重，甚至会做出放弃自己的极端选择。

一位三十多岁的妈妈前来找我咨询，她的孩子很善良，丈夫也没有什么问题，经济方面也不用担心。但是她总觉得生活没有意义，觉得自己的人生庸庸碌碌，没什么好事，心中总是浮现这种没有明确对象的埋怨心情。

看到茁壮成长的孩子和无可挑剔的丈夫，明明应该要感谢他们，但她偏偏会产生"除了自己之外，全世界都运转得很好"的感觉，而这又让她感觉自己像个冷漠的坏人，所以非常抑郁。

想到自己对嬉笑玩闹的孩子们说"妈妈这么痛苦，你们为什么那么高兴"，就会陷入深深的罪恶感之中，似乎找不到活下去的意义。再想到孩子们明明什么都不知道，却莫名其妙变得凡事都要小心翼翼地看自己的眼色，又觉得很心疼。

我的直觉认为她的状况可能和小时候的伤痛有关，所以特别针对童年经历进行了深谈。我了解到，她的母亲连生了四个孩子，其中还有一对双胞胎，结果因为过度劳累而病倒，无法照料子女。

她不得不被送到乡下的爷爷奶奶家。每天太阳下山时，她都会坐在地板上，呆呆地看着大门，一边想念爸爸妈妈，一边期待他们来接自己回去。

虽然父母偶尔会带着其他孩子一起来看她，但面对他们时，她总有一种莫名的生疏感。她总是看着父母牵着姐姐、哥哥、弟弟离开的背影，一个人独自伤心难过。"是因为我最不听话吗？如果我变得乖一点，爸爸妈妈是不是就会来接我回家？"她从不发牢骚，很听奶奶爷爷的话，努力当个乖孩子。

就这样过了三年，准备上小学的时候，她终于回到了自己的家，但依然无法摆脱"局外人"的感受。在爷爷奶奶家的那几年，她感觉自己根本就不是这个家的一分子。被冷落的感觉、和家人在一起时的不自在，让她学会处处察言观色。伤心、抑郁、孤独，还有一点愤怒，这些对于孩子来说难以承受的消极情绪积聚在她心里，从心理结构成形的婴幼儿时期起，她的内心就开始累积过多的负面情绪了。

我试图通过深谈找到她心中那戴着抑郁面具的愤怒。她真正想问的是："为什么偏偏把我送走？因为我最没用吗？"一方面，她对父母产生了抗拒、埋怨情绪，但另一方面，心里又存有思念和期待，告诉自己要当个乖孩子，她不懂也无法对外表达对父母的愤怒，最后演变成了攻击自己。

愤怒的另一面：被动攻击行为

另一个经常被用来表现愤怒的面具是被动攻击行为（passive-aggressive behavior），这是指当面对比自己力量大的人时，不直接抵抗，而是采取间接反抗的不合作行为来保护自己。

例如表面上好像接受了对方的要求，但却有意无意地拖延，或找些其他理由推托。在孩子身上的表现可能是对父母的指示能拖就拖，例如叫他去买东西或办事，他虽然答应了，却故意走得很慢，或是耍赖、找借口、先做其他无关紧要的事等，就是不肯去做父母交代的事。

会用这种方式，是因为他判断如果自己表达了生气的情绪，对自己会有不利或损失，所以避免直接冲突，拐个弯儿用好像没生气的行动掩盖自己真实的情绪，在小心翼翼发泄怒气的同时保护自己。

虽然有些人能够在很清楚自己生气了的情况下装作没事，刻意采取被动攻击行为来掩饰愤怒，但也有些人并未意识到自己生气了，不想照对方说的去做，不愿被对方牵着鼻子走，因此在无意识中采取被动攻击行动，这种人的问题通常会更严重。

愤怒以外的其他面孔

有些人在生气的时候不正面表达，而是轻描淡写地回避，这又是另一种面具。这种人在生气的时候会以"不应该为这种事生气"来说服自己抑制已经感受到的愤怒，或是以"生气是没有教养的表现"来合理化或美化自己的行为。

有人则是会顺着对方的情绪调节气氛，但实际上是避免自己的愤怒爆发出来。也有人会主动切割情感，让自己和生气的状况划清界限，甚至干脆完全不与人对话以杜绝一切生气的可能性。

愤怒有各式各样的面具，有些我们一看就知道，有些则掩饰得太好，让人看不出来。那些面具都是因为我们心里害怕表现出生气的情绪而制造的，但这样反而会造成压抑、疏离等反效果，只有能正视面具下的真实情感，我们才能适当地抒发、调节，也就不会被愤怒牵着走了。

如果你也有类似上述的面具，现在就应该好好确认心里是否藏有连自己都没发现的愤怒，并试着面对愤怒的本质——我到底害怕什么？这个愤怒从哪里来？是不是已经隐藏很久了？这些都要仔细思考，以正视问题的核心。

如果想要和孩子拥有幸福生活，首先就要检查在你内心深处是不是也有个叫"愤怒"的变装大师，总是以不同的面具让你忽略心里真正的愤怒。

KEY POINTS

- 以抑郁、被动攻击、回避等面具来掩饰愤怒情绪，通常是为了保护自己，避免因生气而遭受损失。

- 相较大人，孩子是弱者，所以父母更应该好好观察孩子是否也常为愤怒戴上其他面具。

🐦 我是对的，是你错了

妈妈说的话是对的，你怎么不照妈妈的话做呢

　　正秀家的问题，出现在议题为"问题儿童"的教师研讨会上，是会上讨论的案例之一。正秀在学校和同学们相处得很融洽，爱说话也很活泼，但在家里总是闷闷不乐，话也不多，尤其是跟妈妈几乎不对话，就连待在一起都觉得别扭。

　　事情是这样的。正秀妈妈是个很有自信的人，只要她认为自己的想法和行动是正确的、最好的，就会强迫家人也认同自己的想法。如果对方与自己的想法不同，那么对方绝对是错的。因此，只要别人不按照她的想法去做，正秀妈妈就会格外郁闷和生气。

　　对正秀妈妈来说，婆婆和丈夫不是可以对抗或争辩的对象，而年幼的正秀却得原封不动地接受母亲的愤怒。如果正秀不听她的话，她就会不断纠正正秀："那

样是错的，妈妈才是对的。"直到正秀按照妈妈所说的去做为止。在这个过程中的妈妈常常让正秀感到很害怕。

害羞又胆小的正秀非常害怕那样的妈妈，因为不知道她什么时候会生气，所以在家时常常很不安，尽可能避免和妈妈在一起；即使在一起也几乎没有对话，本能地寻找减少伤害的安全方法。

错误的信念造就易怒的妈妈

但是，正秀妈妈一直无法认识到是自己的行为给孩子带来了巨大的不安和恐惧。她不认为自己有问题，反而很困惑，不明白孩子为什么总是避开自己，于是向老师寻求帮助。

正秀妈妈是典型的易怒的人，她生气的原因是把"我是对的，你错了"当成了心中的信念，而且这个信念还被扩大成"因为我是对的，所以当你错了我就必须改变你"。因此，只要对方不承认这一点，仍坚持自己的想法，正秀妈妈就会被激怒。

自己的想法明明就是对的，对方却不承认，因此感到郁闷；再加上对方不接受自己的纠正，让人觉得不受重视，所以遭到拒绝后就会爆发怒气，并且为了证明自己是对的，会进行更激烈的争论。过程中会引发争吵，而争吵又会助长怒火，为了让对方承认自己错了，也许会故意揭穿对方的缺点或不足之处，进一步导致感情恶化。最终，对话意愿消失，关系被破坏。

这样的模式在亲子关系中更危险，因为对于子女来说，父母是无法推翻的权威者，每天在教育的名义下反复听父母的叨念、承受父母的怒气，长期累积下来，孩子只会受到深深的伤害。

易怒者的二分法思考

像正秀妈妈一样的父母不少，只是程度深浅不同而已。遗憾的是，其中大部分都认为"我生气是正当的"，丝毫没有问题意识，往往等到孩子出现偏差行为后才来寻求帮助。

容易发火的人脑子里只有两种人："和我持有同样的正确想法的人"和"持有与我不同的、错误的想法的人"。由于被这种二分法逻辑所束缚，所以他们会觉得，这世上真是有太多令人郁闷和痛苦的人、事、物了。

这种类型的人认为有错误就要改正是理所当然的事："我要帮你，你为什么不接受呢？真是太让人抓狂了！"因此，他们发脾气似乎合情合理。与对方关系恶化之后，他们又会觉得自己很冤枉，变得更加生气。越是这样，就越想强调自己是对的，如此持续不断地恶性循环。

"妈妈毁了，孩子也毁了"的不合理信念

"我对你错"的这种信念，与认知心理学中所说的"不合理信念"有关。不合理的信念是导致人们患上心理疾病或不适应社会、无法正常生活的重要原因之一。

抱有不合理信念的人，会以"当然是……""一定要……"这类强调正当性的表达形式对自己和周围的人提出过分的期待和要求。如果要求得不到满足，他们就会感到受挫并生气。从客观层面来看，那些都是不合理的想法，但他们却坚信"我的想法是对的，你们当然应该照着做"。

举例来说，有的父母会认为："为人子女理应无条件地服从父母的话，这不是最基本的嘛！"子女听

从父母是没错，但这并非"理所当然""无条件"，那是不合理的信念所导致的过度期待和要求。

如果子女不服从或有其他意见，这些家长就会说："孩子怎么能对父母讲这种话？这是绝对不允许的！"试图用"违背理所当然的伦理"做夸张的解释，并因为不合理的信念未能被实践而感到受挫。

受了挫折，忍耐度就会持续下降，最终会无法忍受，认为"反抗父母、随心所欲的孩子不是我的小孩"，并表现出谴责、蔑视、愤怒等情绪，有些人还会解释成"这都是因为我没有身为父母的权威"，而对自己感到失望或自我贬低。

其实每个人都有某种程度的不合理信念，但是，心理越健康的人，越能认清自己的不合理信念是什么，并努力培养符合实际情况的心态。若是固执地认为家人或身边的人有义务达成自己的期待，那么一旦对方达不到你的预期，不管怎么解释，在你听来都只是狡辩，因为你只相信自己的信念。

你是怎么样的呢？是不是和正秀妈妈一样，始终相信自己是对的，别人都是错的？下次孩子不接纳你的信念时，先不要急着生气，不如先想一想自己是否也抱着顽固的不合理信念。

就算在我的立场上是对的，站在孩子的立场上情况也会不一样

一些被认为"理所当然"的标准或适当性其实因人而异，心理健康的人能够承认别人的"不同"。如果我们都能具备"从我的立场来看是对的，但从你的角度看也许不一样"这样的包容性，那么在行动上会有什么变化呢？

那就会打开"可能性"的空间。孩子因为贪玩而没做好自己该做的事情，我们能这样想："孩子还小，有可能因为玩得太开心而忽略了正事。"或者孩子经常犯错，我们也会说："大人都会犯错，更何况是孩子？我也是这样长大的。"如此一来就不会生气了。

但是天下没有白吃的午餐，要改变这种局面，就必须努力，不要害怕失败或犯错，要经常提醒自己。凡事总要先踏出第一步，希望父母也不要忘记，只有和孩子一起成长，才能真正成为称职的父母。

- 认为"孩子和自己有不同的想法就是错的"的父母们，若只想按照自己的想法去改造孩子，就会反复发脾气。

- 生气前请先说："这样的情况也是有可能的。"语言和行动是互补关系，先说出口可能就不会贸然行动了。

第三章

如果父母经常发脾气，孩子会变成什么样子

"缩小者"与"扩大者"的对决

同一天出生，反应也不同

永珍与河珍是双胞胎姐妹，她们的妈妈平时不怎么生气，但一生起气来就非常可怕。不过妈妈发现，自己生气的时候，两个孩子的反应截然不同。她一时不知道该怎么应对，于是就来找我谈谈。

老大永珍很害怕妈妈发火，会大哭，大声说"不要生气"来表达自己的立场。相反，老二河珍却沉默寡言，不想和妈妈面对面。问她话她也不回答，只是蜷缩着坐在一旁，严重时甚至不愿与妈妈对视，像刺猬一样缩在角落，反而让人感到不安。结果，妈妈常常因为顾虑老二的状态，即使问题没解决也只能先停止发怒。这让妈妈感到苦恼，因为这样就无法好好教育孩子。

即使是亲兄弟姐妹，个性也不会完全一样，因此，父母在生气时也要根据孩子的性格调整自己的态度。

有些孩子在大人生气时什么话都说不出来，畏缩不前；相反，有些孩子可能比大人还大声，或哭闹、或辩解，所谓的"无理取闹"。

当人们觉得安心、安全的状态被打破时，会使用不同程度的能量来保护自己。根据能量使用的形态，可分为缩小型（minimizer）和扩大型（maximizer），如果能理解这两个类型，我们就可以从力学的角度来理解愤怒。

缩小者如果感到外来的刺激破坏了平静安全的状态，就会把自己的能量缩小到最低限度，以确保安全。也就是说，为了保护自己，缩小者会通过减少表面接触来避免发生需要做出反应的状况。这类人遇到别人对自己发怒，或是处于害怕、担心的状态中时，通常会畏缩，避免发言，静静地独自等待风暴过去。

相反，扩大者则会将自己的能量扩大到最大限度来保护自己。这种人在受到惊吓或是感到担心时，反而说话音量会变大、身体因用力而紧绷，积极地表达自己的立场。将自己的能量放大，好增加表面接触时反应的力道，让自己可以抵御外界的威胁。

你的孩子是扩大者还是缩小者？你自己又是哪一种呢？根据父母和子女不同的搭配，同样的状况也会有不同的结果。

扩大者父母与缩小者子女的组合

这种组合中，父母越生气，子女就会越畏缩，不想说话，不想动弹，只想安静地待着，以不变应万变。有的孩子就算听到妈妈叫他过来、到房间里来，也好像没听到一样，在觉得情况安全之前，他会一直坚守在原地。因为缩小者是以减少能量来确保自己的安全的。

但是，看到子女毫无反应，对于扩大者父母来说，是打破自己内心安宁的另一个刺激。子女的表面行动越少，父母就会越生气，因为这种类型的父母是通过扩大自身来寻找安全的。

遇到这种父母，缩小者子女会更加不安。父母越扩大，孩子就会越畏缩，就像《伊索寓言》中的《北风与太阳》一样。

风越刮越猛，旅人为了不让衣服被吹走，只得一边将身体缩得更紧一边前进，就像孩子为了保护自己而往更加隐蔽的角落退缩，紧紧锁住自己的内心世界。相反，风又如何呢？旅人蜷缩得越厉害，衣服拉得越紧，风吹的力道就更强、更具攻击性，就像扩大者父母一样。

由于父母不断扩大能量，孩子只能频频受到伤害，畏缩不前、难以沟通、固执、防御性强，最后孩子将成为与父母期待相反的孩子。

缩小者父母和扩大者子女的组合

如果是这种组合，身为扩大者的子女一旦生气、担心或者害怕，情绪就会外显，而缩小者父母则会在心理上萎缩。虽然身为教育者、养育者拥有一定的权威，但面对不懂事的孩子的扩大反应时，这类父母会减少自己的能量，减少做出行动和言语上的反应。

或许有人会觉得："再怎么样，孩子也不可能跟大人对抗吧？"但在这里我们不能将其看作"弱小的孩子"与"强势的大人"之间的对决，应该视为基于本能确保自己安全的反应方式。

缩小者父母会说："我才不是害怕孩子的反应，我只是懒得理他。"虽然不同人缩小的程度有差异，但总感觉像被孩子牵着鼻子走。所以在教养方面，这类家长相对来说承受的压力会比较大，而且压力多半是自己给的，他们会认为问题在于孩子太难教，或是觉得都是因为自己能力不足。

缩小者与扩大者交错的家庭

下面是一个家庭咨询的案例。身为缩小者的爸爸在家庭中感到非常痛苦，所以我提议他们全家一起来进行咨询。

在这个家庭中，爸爸是缩小者，妈妈和儿子是扩大者。在儿子出生前，扩大者妈妈就经常对丈夫施加压力，这让爸爸只得缩小以取得安全感；随着同为扩大者的儿子出生和长大，家中扩大者的力量较强，让爸爸的安全感深受威胁。

与此同时，妈妈对不说话、不做任何表情、对自己说的话选择性忽略、经常独自进入"安全角"回避一切的丈夫感到郁闷。虽然她不是故意要逼迫和催促，但丈夫却越来越想退缩，就像北风吹得越强，旅人就把身体缩得越小。

妈妈问他是不是心情不好，爸爸回答"不是"；问他是不是遇到了什么问题，又回答"没事"。仔细观察就会发现，其实妈妈也很辛苦。她希望得到丈夫的响应，但他却尽量缩小与她表面接触的范围，让她觉得自己好像很难相处，夫妻之间的关系也就越来越萎缩。而越是这样，她的怒气就越会外露，久而久之已找不出问题出在哪里，也不知该如何终止这样的恶性循环。

而扩大者儿子从小面对爸爸的责备或训斥时，会比爸爸更生气、说话声音更大，让爸爸觉得"这孩子真是遗传了妈妈，什么都忍不了"，因此产生了挫折感。不知不觉，爸爸也开始看儿子的脸色，很怕他生气或烦躁。面对小孩也不自觉地畏缩，爸爸自己想想都觉得心寒，又很痛苦。

如果跟妻子诉说对孩子的不满，妻子就会说："你不要逃避，直接和孩子面对面说出你的想法就好啦！我觉得是你太闷了。"每次听到这句话他都想大喊："我也想那样啊！"但对缩小者来说，扩大能量、做出外显行为并不是件容易的事情。

无法获得理解的爸爸感到孤单、意志消沉，抑郁感越来越严重，看到妻子和儿子就感觉他们像是来折磨自己的。在这个家庭里，爸爸并未与妻儿建立牢固的感情纽带，只是单方面处于精神撤退的状态。

那么，妈妈和孩子的关系就比较好吗？

其实不然。遇到问题时，两人都会为了保护自己而扩大能量，扩大反应使双方的攻击性增加，致使两人动不动就发怒，因此儿子和妈妈之间冲突不断。这样下去，说不定有一天家庭真的会破碎，于是爸爸决定寻求专业人士的帮助。

互相承认不同，理解了就会有答案

为了确保自己的安全感，每个人都会扩大或缩小自己的反应，但一般来说都会调节出适当的反应。因此，表现出极端反应的人应该检视一下心理的健康状态。

你是什么状态？是极端扩大的人，还是极端缩小的人？你能适当调节自己的情绪吗？即使身边有会做出极端反应的人，也没有必要感到绝望。

你的孩子又是怎样的呢？同样地，也不需要因此感到受挫或绝望。父母和子女不同，这个"不同"只是一种差异而非对错。当我们能理解和接受这个"不同"时，才能适度调节自己的能量。我们要扮演好教练的角色，帮助孩子从小就认识自己的性格，让他们可以灵活地运用能量，而非极端地扩大或缩小。

面对身为缩小者的孩子，父母可以用较柔和的表情和声音，帮助孩子获得安全感；对于身为扩大者的孩子来说，在气头上硬碰硬会有反效果，最好先让他们冷静下来，一旦感到安全平静，就能消减他们快要爆发出来的能量。

父母也应该有所改变，父母的改变对孩子来说是最好的生活教育。了解自己的现状意味着走向改善的旅程，好的开始是成功的一半，只要多踏出一步就会离终点更近一步。理解得越多就能改善得越多，希望各位父母不要再因不了解而让孩子受到伤害了。

KEY POINTS

- 如果父母是严重的缩小者，子女是扩大者，那么父母会很容易被子女牵着鼻子走，丧失权威，孩子也会变得没有礼貌。

- 如果父母是严重的扩大者，子女是缩小者，那么子女从小压抑的愤怒累积到青春期，就会使子女变成完全不一样的孩子，产生严重的反抗行为。

以负面情感看待一切，
结果就是成为抑郁的孩子

受早期英语教育折磨而脱发的孩子

我在电视台担任制作人时，曾遇到一个三四岁的男孩，当时他的模样让我很震惊，我到现在还会偶尔想起他，不知长大后的他怎么样了。过早的英语教育，让他小小年纪就有了抑郁症和压力性脱发的困扰，光是看着就觉得很可怜，让人心疼。

因为妈妈希望孩子早点打好英语基础，所以几乎是在孩子刚学会讲话的同时就展开了英语教育。她用一面韩语、一面英语的字卡，教还在牙牙学语的孩子英语。

在妈妈看来这些内容很简单，但对刚满两岁的孩子来说，学习这些却非常辛苦，也并未如妈妈所期待的那样跟上进度，常常刚学就忘了。妈妈既心急又郁闷，时常忍不住发火，越是发火，孩子就越紧张、失误越多，妈妈的火气就越大。

有一天，她发现孩子一头浓密的头发中间秃了一块，大约硬币大小，吓得立刻带孩子去医院。经医生诊断，孩子的问题是因精神压力过大而引起的脱发和抑郁症。在录制节目时，这个小男孩正在接受治疗，但情况并不乐观。当时妈妈因后悔和自责流下眼泪的样子，至今还清晰地留在我的脑海里，只要想到就觉得心痛。

孩子的抑郁症与成人不同

父母发怒时，孩子都会感到不安和害怕。因为无论自己是否犯了错，光是看到平时依靠的父母发火就是件很可怕的事。从那些不理解孩子的不安、害怕、畏惧、委屈的父母身上，孩子感受到强烈的被拒绝感；从指责、辱骂、说重话的暴怒型父母的身上，孩子感受着严重的羞愧感，并经历着精神上的虐待。

这些负面情绪都会让孩子陷入抑郁。一般来说，抑郁会伴随着无力感、失落、受挫、悲伤、消沉、悲观等情绪，生理机能和精力也会下降，表现出消极、退却的行为和反应。如果再加上物理性暴力，就是名副其实的虐待儿童。不只是身体上的痛苦，还会给孩子带来巨大的心理创伤。情况如果反复出现，抑郁的情绪就会成为常态，最终发展成抑郁症等心理疾病。

如果孩子的心灵创伤像身体上的伤口一样肉眼可见的话，或许父母就不会那么轻易地生气。其实心灵的伤口会比身体的伤口撕裂得更惨、血流得更多。

儿童抑郁症并不容易被察觉，因为症状与成人典型的抑郁症不同。儿童抑郁症又被称为"假面抑郁"，因为它就像隐藏在面具背后一样。如果父母未察觉到孩子的抑郁倾向，对待孩子一如往常，就很容易因为孩子的态度异于平常而大发雷霆。结果情况变得更严重，孩子的抑郁症状也更严重。

前面提到的那个男孩，如果他的父母早有警觉，就不会患上压力性脱发了。

孩子抑郁的十种现象

根据韩国中央大学医院健康专栏的介绍,若孩子出现以下现象,可以怀疑其患有儿童抑郁症。

1. 一反常态,遇到一点小事就大发脾气、放声大哭

遇到这种状况,父母通常会认为孩子只是闹脾气,为了纠正孩子反而会更生气。如果孩子越来越烦躁,经常哭闹,父母就应该有所警觉。

2. 无特殊病理原因,却常说身体不舒服

这个现象叫作"躯体化障碍",也就是受到压力或心情郁闷时,会反映在身体上。人的身体是有机体,身体和精神是相连的,特别是像胃、大肠等消化器官以及肌肉,与大脑有直接关联,很容易受到心理影响。心情不好时吃饭容易消化不良,还有人一紧张就会腹泻,肌肉僵硬或麻痹的情况也不少。像孩子会常说"肚子痛""头痛""头昏"等,有可能也是心理状态引起的。

3. 行为过于激动或说些极端的话

温顺的孩子突然变得散漫、坐立不安,或是忍不

住生气，扔东西或大声骂人，甚至有更暴力的行为。

4. 脸上常常出现沉重的表情，不爱外出，只想一个人待在房间里

抑郁症通常起因于幸福感的丧失，根据不同情况，会变得时常幻想，或忍不住担心这个、担心那个。

5. 少言寡语，对平时喜欢的事物突然失去兴趣

平时喜欢看的电视节目变得没有意思；与家人在一起玩游戏时，原本总是叽叽喳喳的孩子变得沉默寡言；对原本喜欢的东西也不感兴趣。

6. 在日记本或和朋友的对话中，出现死亡、孤独等负面内容

我曾看过患有抑郁症的小学二年级孩子在 HTP 测试（一种美术治疗，以房子、树木、人为主题进行绘画，以诊断心理状态）中画的画，上面画了像坟墓一样没有窗户的房子，露出腐烂的根部、叶子干枯的树，像死了一样躺着的人。

这个性格内向的孩子，父亲有暴力倾向，母亲则不时离家出走，家庭不和，在学校也受到同学排挤。

7. 有别以往，突然因一些小失误频频说"对不起"

无力感是抑郁的另一个名字。因为觉得没有自信、软弱无力，认为自己的失误会毁了所有事情，所以行动变得胆怯畏缩，反应消极。

8. 学习效果变差，常说自己像个傻瓜

许多研究结果显示，持续的抑郁不仅对身体发育不利，对智力发展也会产生负面影响。因为对任何事都没有热情，感到无力，进而失去进取心，也无意尝试新事物。

9. 拒绝进食，难以成眠，时常发愣

平时爱吃的孩子突然没了胃口，或常常发愣，有时看起来疲惫不堪。

10. 产生幻听、自责妄想、自罚妄想及关系妄想等症状

妄想是人在无法以理性解决事情时产生的一种病态性信任。抑郁症加剧时可能会伴随各种妄想症状，例如认为自己的行为应该受到处罚、他人的言语和行动都是在针对自己等，这时候应该尽快寻求专业人士的帮助。

- 患有抑郁症的孩子身体和智力发育迟缓，容易产生贬低自己的想法和消极心理。

- 针一样大小的伤口，若放任不管，也会变得越来越严重，最终溃烂。即使是小孩子的抑郁，如果长时间视而不见，也会慢慢严重到难以收拾的地步。

大声咆哮的父母会塑造没有安全感的孩子

我的名字不是"喂！""你！"

"妈妈通常都在什么时候发脾气？"

"说我不听话时。"

"她发脾气时会怎么样？"

"她会用手指着我大声地说：'喂！''你！'还会很凶地瞪着我。"

"那时候你心里有什么感觉？"

"觉得很害怕，提心吊胆的，心脏怦怦地跳，心情变得非常奇怪。不过有时候我也会很生气。"

"心情怪怪的，是觉得不安吗？"

"对……怕妈妈会更生气。每次她只要一皱眉头，或大声喊叫，我就会担心她是不是生气了。上次还把抹布朝我丢过来。"

"啊，妈妈不生气的时候你也会担心她生气、感到很不安啊。那妈妈生气的时候怎么做，你才不会那么害怕、那么不安？"

"如果她不要指着我'喂！''你！'地叫，而是叫我的名字就好了。还有说话不要那么快或动不动就骂我，希望她能慢慢说。"

"如果妈妈那样做，你就能听清她说的话是吗？"

"对。"

以上是我和小学一年级的民成的对话。民成并不是有特殊问题的孩子，这也不是在咨询室进行的对话，而是我们偶然见面，自然而然聊到的事。你是不是也以为孩子还小、不懂事，所以没什么想法？

用"喂"称呼别人是一种多么贬低人的行为啊。抹布丢到自己面前，即使落在脚下，也会让人感到极大的羞辱。妈妈生气的时候知道自己是什么感觉，孩子也是。他们只是还不够成熟、不会表达，但他们的感觉和大人一样。

教导孩子时一旦发火，瞬间一切就毁了

就像民成说的那样，父母最常在孩子不听话的时候生气。大部分父母都说自己是在教导孩子，事实上却在对孩子生气。教导并不是一边发火一边教的。

正确的教导是针对孩子不听话的情况予以指正，但若是在教导时发火，就容易失去理智、偏离主题，把以前的不满也带进来批评。

"你每天早上都这样，收东西到底要收几年才能收好啊？要你改有那么难吗？就这样，你的成绩怎么会变好？连自己的东西都收不好，你以后会是什么德行我现在就能看出来，你这样长大以后能娶到老婆、能赚钱养家吗？真是令人心寒的孩子。"

像这样，由于越说越生气，把孩子的过去和未来都扯进来，说出人身攻击性的言辞。从你发怒的那一刻起，教导的意义就毁了。父母生气，孩子会感到害怕和不安，在不安的状态下，他们能学到什么呢？什么都学不到，只会一心等待风暴过去，不然就是想尽办法逃跑。

因不安而更缠着父母

我知道父母们想必也有话要说："因为好好讲道理孩子不会听，所以才要生气。"我自己也有小孩，完全可以体会。但是，如果孩子一不听话父母就发脾气，久而久之成为习惯的话，父母就会失去教育小孩的机会。人是在与他人一起生活的过程中，学习必要的道德、社会规范以及普遍的价值观的，若因生气错失了好好教导孩子的机会，也就等于使他们丧失了重要的学习机会。

不仅如此，比起好的记忆，我们对坏的、负面的记忆的印象更深刻、更持久，所以孩子会一直记得父母常常对自己发火，总是感到不安。

只要妈妈一皱起眉头，孩子就会紧张，开始想："我是不是做错了什么？""妈妈要是生气了怎么办？""我怎么才能躲过去？"同时逐渐失去自信，常常感到羞愧，自尊心也跌至谷底。

人一旦感到不安或失去安全感就会过度防御，并因害怕而变得固执，因此会对正在生气责骂自己的父母感到更加不满或是使性子，同时对自己喜欢的玩偶、枕头等物品产生移情，甚至依赖。

因不安而逃往想象世界的孩子

虽然不多见，但有些孩子一旦过于不安，就会进入自己创造出来的虚构世界。那是一种逃避，在想象的世界里制造出能给自己带来舒适感和安慰的人，每当遭遇困境时就躲到那种关系中以求得安慰，找回安全感。

六岁的贤国只要开始感到不安，就会和脑海中想象出来的姐姐聊天。那个姐姐就像实际存在的人一样，不只有名字，甚至连居住小区都有。贤国还经常向朋友们炫耀自己有个亲切的姐姐，让大家以为姐姐真的存在。

想象出来的姐姐温柔亲切，会倾听贤国说话，时时称赞他，给予他温暖的拥抱。那其实都是贤国的期待，是他希望获得的对待。贤国用这些期望创造了一个幻想世界，觉得心累时，就进入那个世界中填补空虚，抚慰受伤的心。

很多孩子会像贤国一样回避不安，但大多是使用"压抑"的防御机制。当妈妈生气时，孩子就会认为妈妈和自己的关系亮起了危险信号，所以会感到不安和害怕。

特别是孩子自己也生气的时候更是如此。如果让妈妈知道自己也在生气的话，关系会更危险。所以，为了和妈妈维持关系，便无意识地启动压抑机制，隐藏自己的情感，将愤怒的情绪埋到内心深处。

不可预知的情况引起不安加剧

不分时间、场合地生气，无法控制怒气，许多父母以为只要不承认自己生气就没事了，但其实从他们的语气和态度中都看得出来他们的怒气。久而久之，孩子会表现出慢性焦虑症的症状。夫妻经常吵架的家庭也一样，孩子因为不知道父母什么时候会发火，所以时时都处于紧张不安的状态中。

有的父母实际上处罚孩子的次数不多，却经常威胁孩子做不好的话要受惩罚，让孩子陷入不知道何时会受到处罚的恐惧中。与其这样，还不如干脆罚一罚，孩子心里反而轻松。否则，随着不安的时间越来越长，孩子会承受更多压力。

也许现在正在读这本书的各位会说："唉，做父母真不容易，连生气都不能好好生！"不过，学习和掌握好好生气的方法并不如想象中困难。这话可不是我说的，而是已经学会如何调节愤怒并成功实践的父母们所说的心得。

KEY POINTS

- 如果父母经常发火或吵架，孩子会经常处于紧张不安的状态中。

- 在不安的状态下，人很难集中精神做任何事情，不管是学习能力还是人际关系都会受到影响，人生态度会变得消极。

塑造撒谎成性孩子的父母

当父母和孩子站在同一边时，发生的奇迹并非单纯的奇迹

美国心理学家苏珊·戴维在她的著作《情绪可控力》中提到，小时候她曾有过说谎的习惯，而她的父母在得知女儿会习惯性说谎后的反应挽救了她。

苏珊在八岁时，用从父母钱包里偷来的钱买了糖果，并且在回到家后谎称糖果是好心的朋友送给自己的，但父母很快就察觉到苏珊做了什么。对她父母来说，撒谎是绝对不容许的行为。

父母带小苏珊开车出去，然后在行驶的车里认真地谈起这件事。

父母对她的所作所为感到非常失望，但他们仍以平静却坚决的态度强调：我们家绝不容许偷窃和说谎的行为。

父母并未对说谎的苏珊口出恶言，也没有发脾气，更没有打人，而是特意把她单独带到外面，先照顾她的心情，以免让她感觉自己在其他手足面前出丑。

　　然后，父母要苏珊自己想一想应该如何修正做错的事。父母面对犯了错的苏珊，并没有严厉地训斥，而是站在苏珊这一边，使她感觉到他们是在保护她、帮助她，让她有勇气反省自己的行为，从此不再说谎。

　　如果父母生气、责骂，孩子只会感到害怕，并会为了避免遭到更多责骂而选择制造更多谎言。然而，苏珊的父母以平静的态度先让她安心，苏珊自然就不会再采取防御性的态度，这时才会回头看看自己的行为有什么问题。于是，她坦白了一切，答应把偷来的钱全部还给父母，并向被她利用的朋友道歉。

　　我们可以从苏珊的叙述中找到重要的一点：苏珊的父母也生气，但他们采取的方式让女儿不再采取防御性态度，当然就没必要再继续说谎。各位觉得如何呢？如果你也能做到像苏珊的父母那样，那么你就是相当有功力的家长；如果还不行，请一定要继续读这本书。

助长谎言的父母们

世界上没有不说谎的孩子，毕竟连大人也撒谎，只是程度和用意的差别罢了。人活在这世上应该不可能连一次谎都没有说过，不是吗？

但这并不代表说谎也没关系。身为父母，当然应该让孩子了解说谎是不好的行为，并在发现孩子说谎时进行教导。不过如果孩子不是故意的，只是一时之间的小谎言，父母却视其为极其严重的道德缺失，做出过度反应的话，反而会给孩子带来强烈的副作用。

如果你的孩子比他的同龄人说谎次数更多，希望你能先看看是不是自己创造了一个令孩子不得不说谎的环境。如果一个孩子处于不得不说谎的环境里，那么他的父母通常是常常发脾气或过度控制孩子的类型。

当孩子对父母发怒感到恐惧时

有的家庭中，父母一生气，孩子就感到紧张、恐惧，吓得发抖。这种恐惧是本能的，孩子会本能地防御，想保护自己。连大人在生气的人面前也会因为紧张和害怕而不自觉地采取防御措施，更何况是小孩。

有人会通过找借口或主张自己的合理性来进行防

御，有人将反过来攻击对方作为自己的防御手段，也有人把道德伦理暂时抛开，选择用说谎来保护自己。

如果父母在生气的情况下继续追问孩子，孩子就会更加害怕，越害怕就会越难说出真相。孩子要么说谎，要么干脆不说话，这都是为了生存而出于本能所进行的防御。

很多父母会承诺："只要你老实说，我就不骂你。"但听到孩子说出真相之后，还是会生气、骂人。孩子当初因为相信父母"坦白从宽"的保证，才决定实话实说，却仍然挨了骂，他们学到的经验就变成"日后只能反复说谎"了。于是，为了圆谎，只好不断制造更多谎言。

父母过分限制

在第二章中也提到过，想要控制他人的心情与愤怒有关，生气的人心里有着"我是对的，你错了"的前提。因为相信自己是对的，所以强迫别人顺从，这就是控制。

我对孩子的控制欲也很强，希望能介入孩子的一切，要求孩子按照我的意思去做，这是我觉得自己最对不起孩子的地方。

孩子长大后告诉我一个秘密，我听了之后感到非常心痛和抱歉。孩子从小就爱吃泡面，甚至到了早上也要吃的程度。我为了改变他这样的饮食习惯，有好长一段时间没买泡面放在家里。

丈夫和孩子都抱怨说："别人家都吃，为什么就我们家不能吃泡面？"但我仍坚持不让步，因为我认为我的想法是正确的，别人都错了，我要改正那些不服从我的正确想法的人。

孩子向我坦白说，当时因为太想吃泡面，有一段时间经常瞒着我偷偷在附近的便利店买杯面，在店里泡来吃。有一天，他正坐在便利店的大玻璃窗前吃得津津有味时，突然看到阿姨从玻璃窗前经过。他当场吓了一大跳，连忙蹲下，在桌子底下躲了好一会儿，一直担心得不得了。他害怕阿姨看到以后会告诉我，那么一场暴风雨就会袭来，心里甚至开始想要说什么谎话才能避免妈妈的怒火。

如果阿姨告诉了我，我应该会很生气，像对待犯人一样审问孩子。如果孩子为了回避那种状况而说谎，那么我又会对孩子爆发更大的怒火。

我的过度控制导致孩子产生了说谎的想法，让他在每次买泡面的时候，都会去想怎么样才能骗过妈妈，可见他心里的压力有多大。

一想到此，我对自己既埋怨又内疚，感觉心都碎了。一种难以言表的愧疚和自责涌上心头，让我苦闷了好长一段时间。

双赢 vs 双输

如果用处罚和"鞭子"进行控制，会造成孩子说更多谎来欺骗父母，一旦被发现，父母又会发更大的火，进行更严格的控制，而孩子的谎言也会变得越来越巧妙。

这样的恶性循环，最终会扭曲孩子的人格，与父母的关系也会变坏。这样的结果不是"双赢"，而是"双输"，是非常令人惋惜的事情。苏珊·戴维在《情绪可控力》中这样写道：

> 既没有大喊大叫，也没有使用常见的助长恐惧的方法……如果两人一边生气一边大声咆哮，不停质问我："知道错了吗？自己说有没有错？"或许我就会说出他们希望听到的道歉，但是这样就

没有机会好好检视自己，了解最初究竟是什么感觉激发了我的偷窃行为……如果父母一知道我偷东西的事情就发脾气并加以处罚的话，我可能就不会得到这样的成长经验……他们站在我的位置上，而不是把我硬拽到他们想要我待的位置，这两种做法会带来很大的差异。

想纠正孩子说谎的习惯，父母首先要做的是不要在谎言暴露时大动肝火，应该用逆向思维，站在孩子的立场上努力了解情况，了解孩子为什么那样做。当然，刚开始很不容易，但只要试着去做，就会看到孩子的变化，父母也会得到力量。

如果可以，请这样对孩子说："原来你是因为怕被妈妈骂才说谎的啊。妈妈小时候也有这样的经历，所以能理解你的心情。不过希望你以后可以实话实说，这样的话妈妈就不会这么生气了。"听到这样的话，孩子会有什么样的心情和想法呢？

- 如果孩子经常说谎，在责怪孩子之前，请先找出他说谎的原因。这才是更快、更容易地纠正孩子说谎习惯的方法。

- 因担心父母生气而选择说谎的孩子，无法明确地表达自己的心情，所以父母可以先对孩子的情绪产生同理心，这样就可以轻松地对话了。

🐦 为了讨好父母而制造的"假我"

哪怕只有一次也好，我想做自己

善孝的故事是在一个叫作"塑造好品性"的活动中暴露出来的，被问到"最想做的事情是什么"这个问题时，她这样回答：

"我最想请爸爸妈妈同意让我做想做的事，就算只有一次也没关系。"

认真负责的老师看到善孝不同于其他同学的回答后吓了一跳，尤其是"就算只有一次也没关系"这句话，一直悬在老师的心里。

善孝是一个小学三年级的女孩子，贴着"听话的孩子"的标签，无论是学校里的师长还是左邻右舍，都异口同声地这样称赞她。

善孝爸爸平时性格很爽快，和外人相处得很好，但是经常在家里发火，生气的时候很可怕；善孝妈妈个性内向，沉默寡言，几年前罹患抑郁症，情况越来越严重，令人担忧。善孝有个小她三岁的弟弟，今年春天刚上小学。

善孝很听父母的话，连父母没有吩咐的事情也能主动做好，还会照顾弟弟。有时甚至会让人怀疑她的真实年龄。在学校她也很听老师的话，其他同学觉得麻烦的事，她也能做得很好。不仅如此，善孝还很爱笑，对人亲切和气，因此所有人都称赞善孝。邻居阿姨甚至说真希望领养个像善孝一样乖的孩子。

自从看到善孝的回答之后，老师找她谈了好几次，旁敲侧击地聊了很多，让善孝卸下心防，慢慢谈到自己。仔细了解之后，老师感受到了善孝内心与外表不同的抑郁、无力、固执等陌生的一面。

取代父母的大孩子

善孝是所谓的"亲职化子女"。亲职化的孩子通常被迫提早长大，在很多方面取代了父母的职能。会造成孩子亲职化的因素有很多，善孝的情况起源于容易生气的爸爸和患抑郁症的妈妈。

爸爸通过生气动怒来控制孩子，妈妈因为抑郁症对什么事都没有动力，无法好好履行妻子和妈妈的职能。善孝是个随和的孩子，身为老大还有个弟弟，她的性别加上出生排行，很容易被亲职化。

善孝爸爸非常讨厌家里没有整理好、没有准时开饭、孩子们不听话爱吵闹等，经常会因此发脾气。妈妈得了抑郁症后，对家务就疏忽了，因此爸爸更常产生不满的情绪。他几乎每天都不高兴，一生气就会大声说话，也会出现激烈的举动。

小善孝很害怕，不知道该怎么办，身心都很疲惫，无论如何只希望爸爸少发点脾气。然而妈妈整日消极无力，弟弟年纪小还不懂事，专做些爸爸不喜欢的行为，简直是火上浇油。

善孝妈妈也是个给她带来负担的存在，情绪起伏不定，对什么都漠不关心，却又会突然发脾气或使性子，事后才跟女儿说对不起。这样的妈妈让善孝更觉得自己可怜、无力。

如果爸爸生气的话妈妈会更累，因为弟弟一害怕就会去缠着生病的妈妈，让她的状况更严重。善孝觉得能帮助妈妈的人只有自己，而让爸爸不生气、解决各种状况的人也只有自己。抱着"我要让妈妈开心一点"的想法，善孝尽最大的努力做家务、照顾弟弟，还要事事顺着爸爸，以免他又发脾气。

看到这样子的善孝，爸爸说："我取的名字真是太好了，善良的孝子！你活出了这个名字的价值啊！"妈妈也哽咽着说："有你在真是太好了。谢谢你，因为你，妈妈才能活下去。"善孝听到父母的话觉得很满足，并决定要做得更好。

"假我" vs "真我"

虽然善孝表面上看起来开朗、和善，像大人一样懂事，但那都是"假我"，是让父母和弟弟满意的"假我"。

善孝的"真我"应该是一个会向父母撒娇、耍赖，受到宠爱的孩子，但她却不能表现出那一面，让人看了真是心疼，想必她心里也会觉得遗憾和郁闷。

但是对善孝的家人来说，他们需要她的"假我"胜过"真我"。而且，当她表现出"假我"时，可以得到父母和周围其他人的认同和爱，这让善孝在无意识中从内心深处逐渐扩大"假我"。

在大人看来，孩子们看似天真无邪、什么都不懂，但实际上他们也有自己的烦恼，会感到有负担、委屈，做某些事会觉得吃力或是心里很难受。即使善孝表达过痛苦、生气、忧郁，想必也没有人真的在意过。而且如果表达出来，情况可能反而变得更糟，所以她在无意识中选择回避自己的感情，觉得这样会舒服一点。

以"假我"示人的孩子内心充满了压抑的愤怒，总有一天会在不知不觉中爆发出来。但不幸的是，这样的孩子很多可能根本就不知道自己的真实情感是什么，不知不觉就这样过了一辈子。这是多么令人伤心的事啊！

早熟孩子的隐情

善孝这个年纪的孩子应该是会无理取闹、固执己见、吵着要做自己想做的事的，但是她并没有这些记忆。为了家庭的平静，她选择放弃自己的欲望，凡事以家人优先。

孩子还不够成熟，如果父母生气了，他们会无法客观地自行判断事情的前后脉络，所以常常单纯地认为父母生气都是自己的错，从而背上了枷锁。

像善孝这样从小就被迫关注他人的生活和需求，会失去认知自我的机会。如果这样的生活方式固定下来的话，当她长大后可以忠于自己的欲望或需求时，反而会觉得自己自私，变得容易放弃。

身为大人的父母可能认为自己只是单纯地发脾气，但对孩子来说，他们面对的状况比大人以为的要复杂得多。为了顺从生气的人，在寻找"真我"之前，孩子的"假我"就已经站在了前面，成了"孩子就该过得像个孩子"的障碍物。

以善孝为例，长期过着这样的生活，她便无法察觉自己真正的感觉，在情感表达上会显得比较迟钝，甚至像个没有感情的人。明明是个孩子，却活得像看透世事的高人一样，就像人们说的"早熟"。

有时会听到爸爸妈妈夸耀自家孩子："我的孩子小小年纪就很懂事，很听话。"这不一定是好事。孩子只有活得像个孩子，才能成长为健康的大人。

KEY POINTS

- 如果父母经常生气和责骂，孩子为了自我保护，会变得看父母的眼色行事、讨好父母，过着"假我"的生活。

- 孩子只有像孩子一样长大，才能成为心灵健康的成人。

莫名其妙被罪恶感折磨的孩子

妈妈，我有什么不对的吗

上小学二年级的贤智时常会问："妈妈，我做错了什么？"一两次妈妈还不以为意，但她总是反复询问，这让妈妈觉得烦，有时会忍不住反问贤智："你为什么老是这样？"次数多了，妈妈变得很讨厌听到那句话，所以对贤智说："你没有做错任何事，不要再问了！"还经常不自觉地动气发怒。

陷入苦恼的贤智妈妈决定去咨询室寻求专业协助。想要解决她的苦恼，放弃"妈妈的视角"，用"孩子的视角"来看事情是第一步。回溯过往，把从怀上贤智开始到现在经历过的大小事件，站在孩子的角度上一一回顾。

贤智有个四岁的妹妹，妈妈是全职主妇，爸爸则自己做生意，妈妈有时会去店里帮忙。原本住在乡下的叔叔，为了找工作，也暂住在贤智家。因此，老家的爷爷奶奶经常带着自己在乡下种的农作物，来到首尔贤智的家中。对贤智妈妈来说，公婆频繁的造访成了一种心理负担。

贤智妈妈表面上装作没事，内心却一直不太高兴。虽然向先生倾诉过，但贤智爸爸一点表示也没有，只会说再忍一忍、等一等，如此消极的态度让她更生气。

在贤智看来，妈妈总是很强悍，不亲切也不爱笑，有时妈妈好像觉得自己很烦。年幼的贤智无法理解妈妈为什么会这样子，所以直觉性地想从自己身上寻找原因。

父母经常动怒，孩子会产生罪恶感

很多年幼的孩子像贤智一样，在父母生气时认为是自己的错让爸妈动怒的。如果经常发生这种情况，孩子心中的罪恶感就会加重。可事实并非孩子想的那样，反而是父母的漠不关心和无知，让孩子产生无谓的罪恶感。

父母经常吵架或离异家庭的孩子也很容易陷入罪恶感，他们会有"一定是因为我不听话，所以爸爸妈妈才吵架""因为我不乖，所以爸爸妈妈才分开"这样的想法。

我在首尔家事法院当咨询委员的时候，见过很多这样的孩子，还曾听过一个孩子问："如果我认真学习、照顾好弟弟、变乖变听话，那就可以和爸爸妈妈一起住了吗？"

不只是委屈地承受不必要的罪恶感，更令人痛心的是，孩子相信只要自己变乖，离开的爸爸或妈妈就会回来，全家人就能像以前一样过上幸福的生活。当现实未能达到自己的期待时，从父母那里感受到的背叛和委屈就会演变成愤怒和憎恨。

贤智也像这些孩子一样被罪恶感折磨。如果她闹别扭，妈妈就会发脾气说："我已经很累了，现在怎么连你也这样啊？"这话让贤智认为："妈妈是因为我才生气的，我是个坏孩子，应该要改过。"

其实妈妈并不记得自己常常对贤智大发雷霆。很多时候，父母会不知不觉地把心中的不满泄在孩子身上。孩子本是年幼的需要被保护的对象，反而因为年幼力薄、不懂防御而更容易成为父母发泄怒气的对象。

小孩子的大脑还不够发达，逻辑思维能力还不成熟，他只是感觉到什么就接受什么。妈妈生气了，直觉告诉孩子是自己错了，却不知道哪里做错了、该如何改正，所以才会一再询问："妈妈，我做错了什么？"

然而妈妈不了解孩子的内心，这真是一件很遗憾的事。

再回到贤智身上，深入了解后，我们才发现还有其他原因加深了她的罪恶感。妈妈很少对妹妹发脾气，这大大打击了贤智的心。从妈妈的立场来看，妹妹年纪还小，应该要多加照顾，但从贤智的角度来看，可能会觉得自己是"失宠的孩子"。

自己原本独占了父母的宠爱和关心，但妹妹的出现带走了他们的关爱，贤智正在经历失落和伤心，再加上母亲经常生气，这让她的罪恶感越来越深。如果我在贤智身边，我会拥抱她并告诉她："你是个很可爱的孩子。"

从妈妈的视角到孩子的视角

贤智妈妈明白了自己的养育方式是"以自我为中心"的。三岁的孩子会怎么感觉？六岁的孩子会怎么接受？八岁的孩子会有什么想法？很多大人几乎都未曾考虑过孩子的立场与自己不同。

咨询过后，贤智妈妈最大的改变就是学会了从孩子的立场出发，让思考的范围扩大，试着去理解贤智的想法。理解了之后，看到她既想得到爱又想帮妈妈忙的稚嫩样子，便不再觉得烦，也不会不想理她。只要换个角度去理解事情，站在孩子的立场上给予关怀和关心，孩子就可以摆脱大人的消极影响，享受天真烂漫的幸福生活。

如果你的孩子也像贤智一样背负着莫名的罪恶感，常觉得自己做错了什么，那么父母应该先给予关心，让孩子感觉被认同："看贤智的表情好像不太高兴，是妈妈让你心里不舒服吗？"若能加上温暖的拥抱会更好。

接着，可以直接告诉孩子："妈妈生气并不是因为贤智做错了事，你没有错，不要担心。妈妈是因为要去店里工作，加上叔叔的事也要帮忙，事情太多，妈妈太累，一时觉得很烦才会这样。"如此一来也能让孩子理解自己的状况。

或许读者当中有人经历了夫妻离异，那么希望你们可以告诉孩子，并不是因为他们不听话或做错事父母才分开，这纯粹是大人之间的问题；如果无意破镜重圆，也要避免给孩子只要听话、乖巧、守规矩就能回到从前的错误期待。给孩子制造无法实现的期待，借此控制、管教孩子，只会给孩子带来伤害。

- 因为孩子还无法客观判断情况或有条理地思考问题，所以常常会认为父母生气是自己的错，并因此感到内疚。

- 对待时常怀有莫名罪恶感的孩子，可以站在他们的立场说明情况，明确表示"不是你的错"，并给予安慰或必要的道歉。

暴力父母底下的暴力孩子

Mini-me！该哭还是该笑

世元妈妈传来了一段视频，主题是"Mini-me！该哭还是该笑？"视频中四岁的世元把玩偶放在面前，假装生气地对它训话，那样子看起来就像是缩小版的世元妈妈，让我忍不住笑了出来。

"我有没有说过不要拿这个，啊？"

他的语气、声音、用词和手指的动作都像是妈妈的翻版。

类似的情况不仅仅是父母之间分享的小插曲，同时也是很多家长的烦恼，尤其是看到孩子之间吵架、发脾气的样子，有时一瞬间会产生自己在对孩子发脾气的幻觉。看到孩子在不知不觉中模仿了自己不理性的行为并表现出来，父母不禁感到担心。

会担心是必然的，但如果你是能理智地发脾气的爸爸妈妈，其实不必太过紧张，反而可以借机教导孩子如何控制脾气、如何适当地表现，让这件事成为生活教育的一部分。正如我屡次强调的，生气本身不是错误，使用暴力等不当的方法生气才会造成问题。

完全复制大人暴力行为的孩子们

在这里有个很好的实验可以参考，斯坦福大学心理学教授班杜拉（Albert Bandura）通过"波波玩偶实验"，指出儿童的攻击性或暴力性行为大多是经由观察、学习引起的模仿行为。孩子们一定是先看到某人的攻击性行为，在耳濡目染之下跟着模仿，才在无形中也成了具有攻击性的人。

实验中的"波波"是个橡胶玩偶，体形大约等同于五六岁的孩子，像不倒翁一样，推倒也能重新站起来。实验分为两个阶段，还衍生出另一种版本，我在此简单描述一下：

原始实验的第一阶段是先由大人用橡皮槌乱打波波玩偶，孩子们在旁边观看十分钟，接着让孩子到另一个房间和波波玩偶独处，通过观察，发现孩子也会像大人一样乱打波波玩偶。

四年后班杜拉教授进行了第二阶段的实验。让孩子们观看殴打波波玩偶的录像，录像中的大人会对玩偶施以拳头殴打、压在地上狂扁等暴力攻击性行为。

在这次实验中也出现了与第一次实验相同的结果，而且观看录像的孩子比在现场观看的孩子更加暴力。

第二种版本的实验，则增加了扩大攻击性的内容。实验分成三组，分别播放三种视频。第一组的视频是警告成年人不可采取攻击性行动，否则会遭到处罚；第二组的视频则称赞暴力行为，还奖励攻击者；第三组的视频则是对暴力行为不称赞也不责备。

结果会怎么样呢？第二组的孩子攻击性最高，观看攻击者遭到处罚的视频的第一组的孩子攻击性最低。

从实验结果中可以看出，孩子仅仅是观察别人的行为，就会受到很大的影响。可以预见在日常生活中，父母不理性状态下大大小小的攻击性行为，对孩子的影响有多大，换句话说，父母自身正确的行为教育是非常重要的。

波波玩偶实验虽然始于很早以前，但影响力却相当惊人。美国为此通过了限制电视节目暴力镜头的"电视暴力法"（Television Violence Act），足见观察学习会诱发孩子在暴力性、攻击性方面的倾向。

孩子的攻击性和暴力性始于父母

波波玩偶实验之后，各种对暴力和观察学习的相关研究也一直在进行。心理学家赫斯曼（Rowell Huesmann）以 330 名儿童为对象，进行了长达 27 年的追踪观察。结果显示，无论是直接或间接，小时候经常处于暴力环境中的孩子，长大后采取暴力行动的概率就会高。

孩子的暴力行为大多是在自身所经历的特定情况下习得的结果。换句话说，孩子在家中看到父母发脾气时表现出攻击性的言辞或行动、语言暴力或身体暴力，就会在不知不觉中模仿，做出同样的行动。

就像人们说的"聚沙成塔"，在日常生活中父母反复表现出攻击性、以暴力方式生气，孩子都看在眼里，久而久之就会耳濡目染、有样学样。孩子会变得像父母一样容易生气，同时以攻击性、暴力的方式发泄情绪。

当然也有原本性格就比较暴力的孩子，他们的意志更脆弱、更容易被影响，所以父母的言传身教就更为重要。

人一旦感觉安全受到威胁，就会本能地加以防御。父母越是以暴力方式发泄怒气，孩子就会越强烈地自我防御。但是孩子的力量哪里比得过父母？他们的抵抗无法向外发出，就会内化成愤怒。等到了青春期，认为自己在精神上和身体上已经可以和父母相抗衡了，就会毫不掩饰地将压抑许久的怒气表现出来，进入所谓的反抗期。

你的孩子怎么样呢？如果你认为要发火、骂人、打人，孩子才会听话，那么从现在起请改变你生气的方式，应该以理性和人性化的方式让孩子知道父母正在生气，这样孩子才能学习正确的为人处世的态度，为与他人共存的幸福生活奠定基础。

在学校里常常生气、大声吼叫、骂人、拿东西乱扔、打人的孩子，长大后在社会上会成为不受欢迎的人。为人父母的基本职责，应该是要让孩子学习与他人用正常的方式沟通，顺利融入社会生活中。

- 孩子的暴力与攻击倾向是从大人身上学习来的，尤其是受父母或老师等权威者的影响甚大。

- 如果你曾用暴力的方式对孩子发怒，应该承认自己的行为不对，并向孩子表达歉意。父母真诚的告白和道歉远比打骂更能发挥教育效果。

总是感到内心匮乏的孩子

"妈妈，你是不是以为猪猪来了？"

"哼哼！哼哼！妈妈，你是不是真的以为猪猪来了？"

吉妮紧紧挨着正在用抹布擦东西的妈妈问。

"是啊，你学猪叫声学得好像，我还真以为猪猪来我们家了呢。"

吉妮满足地笑着跑开了，但是妈妈心里并不愉快。这也难免，因为女儿一天会问十多次同样的问题。刚开始她会和蔼地回答，但是重复几次，只会觉得这孩子真是太烦了。

比如现在，吉妮妈妈心里其实很生气，很想大叫："对啦！我真的以为猪猪来了！你到底要问多少次，要我回答多少次才肯罢休啊？"

如果是以前，也许会这样爆发出来。

但是不能这样做，因为辅导老师叮嘱过不可以让吉妮感觉被否定，于是妈妈强忍住怒火，努力照着所学做出反应。虽然不知道自己能忍受到什么时候，或者会不会哪一天突然大爆发，但她还是决定专注于完成每一次的任务，先不去想以后会怎样。

那么稚嫩又感性的孩子，怎么会这么固执呢

吉妮是个喜欢肢体接触、感情丰富、善于表达情绪的五岁女孩。唱歌的时候会突然哭，读童话书的时候也会哭，但随即又像什么都没有发生过一样，马上咯咯笑着玩耍去了。

但是另一方面，如此感性的吉妮非常固执，有着难以战胜的牛脾气，尤其在面对妈妈时更甚。不管怎么哄、劝、威胁、训斥，甚至说要打她都没有用，她反而会变本加厉。小吉妮顽固地坚持着，身为大人的妈妈无计可施，只能自己生闷气，真想大喊大叫。

她无法理解一个小孩子哪来那么硬的脾气，吉妮对她来说就像无法解开的谜语一样。

孩子是关系指向型，妈妈是目标指向型

吉妮是与人进行情感交流时会感到幸福的孩子，但是妈妈是目标导向的人，比起与人交流，当目标实现时更能感到幸福。因此看到女儿不断要求自己做出回应，妈妈会感到疲惫，不知不觉中，变得因为一点琐碎的小事也会对女儿厌烦和生气。而吉妮因为总是无法满足关系上的情感需求，而更加渴望妈妈的回应。

就算是坐着，吉妮也会紧紧地贴在妈妈身边或不断地摸她的手。但妈妈不知道孩子为什么老黏着自己，觉得不耐烦了就会生气地推开女儿。

妈妈对吉妮的反应大多是消极的，这让吉妮觉得自己被妈妈拒绝，因此感到挫折和疏离。面对虽然近在身边却无法给予情感满足的妈妈，吉妮的心情就会通过"固执"的形式表现出来。

这天早上，吉妮一直说肚子好痛，不想去幼儿园，于是妈妈准备带她去医院检查，这时坐在餐桌旁的小吉妮突然说："妈妈，你看这个！"然后拿出了自己画的猪给妈妈看。

"我教你猪怎么叫，哼哼！哼哼！"吉妮的小嘴

噘成圆形，用手把鼻子撑成猪鼻子的模样，非常可爱。

“天啊，吓我一跳。我还真的以为有猪跑进我们家了呢，你学得好像哟！”

妈妈依照辅导老师的教导，竖起大拇指肯定了女儿。吉妮不再喊肚子痛，开始在纸上画小猪，妈妈猪、老师猪、淋雨猪等各式各样的猪。

请将空虚的罐子装满

吉妮为什么会做出这样的行为？她是个缺乏与父母积极互动的孩子，只要偶然看到妈妈表现出积极的反应，就会很开心。于是，渴望互动的吉妮会努力创造机会，希望能时常感受到那种幸福感。

这是她想将一直缺乏爱的罐子填满，而在无意识之下的表现。她渴望一个不责备、不生气、不大吼大叫、不会不耐烦的妈妈；一个有着温柔的表情和声音，温暖、和蔼、说话亲切的妈妈。这样的渴望变成了固执，让她成为对感情充满不安全感的孩子。

妈妈就像是把手伸进吉妮心里的大洞，又抽了出来。

妈妈脑海里闪过孩子渴望爱的举动、言语和表情，想到自己每次都不予理会或冲她生气，原来这些都是孩子内心觉得匮乏的原因，对此，妈妈心里只有抱歉。对于自己忘记吉妮只是个孩子，因而以大人的标准来要求她感到抱歉；对于不能很好地理解与自己性格不同的孩子，结果造成孩子如此大的痛苦而感到自责。孩子长大后如果知道了这一切不知会怎么想，一想到这儿，吉妮妈妈心里便会一震，不停地流下眼泪。

不只吉妮，有很多孩子都渴望从父母那里感受到温暖的表达、关心、称赞、安全感等。听起来或许有点夸张，有的孩子会因为讨厌总是生气、大吼大叫的父母，而产生"想跟亲切和蔼的幼儿园老师一起住"的念头，并试图离家出走。

有的父母会为了给子女提供良好的生活而努力打拼、赚钱，因此没有时间和心力陪伴孩子，造成孩子心理上的匮乏。为了弥补子女心理的匮乏，你用了多少心呢？因为看不见所以就随便敷衍吗？或是心里只想着"等换大一点的房子之后再说""反正孩子现在什么都不懂"，因此忽略了孩子？这是不是在找借口拖延呢？

希望父母们记住，小时候通过爱和尊重结下的深厚纽带，是孩子长大后建立坚实、健康人格的重要基础。

KEY POINTS

- 爸妈的表情、言语、行动都可以让孩子的心感受到幸福，同时也可以让孩子不幸。对孩子来说，现代社会中有害的因素太多了，因此，至少爸妈不能带给孩子坏的影响。

第四章

事先做好准备，不要伤了孩子的心

🐦 理解并承认心中的怒气

孩子打我、骂我，我也不会生气

"进来吧，来都来了就顺便咨询一下吧。"

妈妈几乎是生拉硬拽，才把犹豫不决的爸爸拉进咨询室。无论孩子做了什么不对的事，爸爸都不会生气。爸爸在家里对孩子的无限包容让她看不下去。

那天我演讲的主题是"感情"，那位妈妈可能早就打定主意要强行带另一半来听讲。爸爸听了演讲，才第一次觉得自己的育儿方式可能有问题。

他一直认为自己个性温和，从来不会对孩子生气，这样没什么问题。即使有时孩子对自己的态度很无礼，连周围的人都看不下去，他也不生气，反而是一旁的妈妈看了又急又气。

例如几天前全家人外出吃饭，爸爸要孩子吃海鲜，孩子不想吃，就开始吵闹、发脾气，最后还把海鲜扔到了爸爸身上。当时他吓了一跳，但仍没有发怒，反而是妈妈生气了，狠狠地骂了孩子。

根据妈妈的讲述，类似的状况不胜枚举。比方说孩子打爸爸的脸，甚至骂爸爸，爸爸都只是说："不要这样，这样对爸爸不礼貌哟。"遇到一般人看了都会生气的状况，他也只是有一点不高兴而已，从不严厉地训斥孩子，导致孩子无礼的言行越来越严重。而总是扮黑脸的妈妈和孩子的关系也变坏，夫妻之间也因此产生了问题。

完全否定愤怒情绪的父母，会培养出否定自己的孩子

这位爸爸在成长过程中，每次表现出负面情绪，就会受到双亲的管教，告诫他这样是不对的。因此，"不该表现出负面情绪"的想法无形中一直束缚着他。

为了不被人发现自己在生气，每次怒火一升起，他就往心底深处推，久而久之，对自己的情绪、感受的感知都变得迟钝，最后连自己是否生气都不知道了。

性格内向的孩子通常不善于表现自己，这也会对情绪的表达造成影响。即使是在同样的环境中成长，不同性格的孩子，在遭遇问题时的反应也会不同，因此父母还应该好好了解自家孩子的性格。

再回到案例中的这位爸爸。咨询中，我帮助他将儿时的记忆碎片拼凑起来，直视问题的根源。从被压抑了近四十年的感情中解放出来后，他在感受、认知和表达感情上都变得轻松了一些。

　　这类无意识的想法太强，人若不了解就会被牵着鼻子走。但是，只要了解自己的实际情况，"无意识"就会受到"意识"的掌控，影响力就会减少了。

　　让孩子知道爸爸也会生气，而且健康地表达自己的愤怒是正确的，那么孩子不礼貌的行为就能逐渐改善，家庭氛围自然也会改变。父母以一致的想法进行教养，可以对改正孩子的行为产生很大影响。

心里的怒火无法向孩子表达

　　瑞英妈妈总是在叹气，她的家庭和谐，明明没有什么烦恼，却常常莫名其妙地感到胸闷，想叹气。在经过咨询、深谈之后才厘清，让她叹气的是"无法表达的怒火"。

　　她说，虽然知道自己内心很生气，但是很难把怒气在孩子面前表达出来。想要说，但话就有如卡在喉咙里一样说不出来，不然就是只能像小孩一样光顾着哭；有时气得拿起藤条，却又觉得这样好像成了坏妈妈，只好放下，并装作若无其事地说几句就算了。"等孩子长大就会好了"，这句话像洗脑一样，让她把自己合理化成一个好妈妈。

但这样心里会有多郁闷啊！人的心和身体是相连的，如果心里不舒服，就会反映在身体上；身体不舒服，心里也会感到不适。瑞英妈妈就是因为心中压抑的怒火堆积太多而感到郁闷，于是才会不停地叹气。

"好孩子综合征"引发的"好爸妈综合征"

瑞英妈妈小时候在家中并未受到家人足够的认可。因为姐姐的腿不方便，所以她要负责家里所有的跑腿工作，还要代替开店的父母照顾姐姐。虽然难免会有不高兴或抱怨，但如果表现出来，她就会觉得自己成了坏女儿、坏妹妹。

所以，瑞英妈妈学会了一生气就立刻想别的事情转移注意力。自己越是生气就越努力对姐姐好，更听从父母的话。虽然有时心里会讨厌姐姐，也会埋怨妈妈，但是她仍让自己看起来没有丝毫不高兴，因为她以为只有这样做才能成为"善良的好孩子"。

长大后结了婚，在家族聚会的日子里，常常只有她一个人在厨房忙进忙出，公婆、亲戚全在客厅里聊天、休息。虽然心里隐隐有怒气，但她还是不会表现出来，因为瑞英妈妈认为就算生气了，别说会有人同情自己，怕是连听她诉苦的人都没有。为了避免徒受伤害，她选择回避内心愤怒的情感，不表现出来。

承认埋藏在心底的愤怒

　　"就算我想生气，内心也感觉不到愤怒。"

　　参与治愈项目的一位妈妈自豪地说。其他人听了都表示羡慕，但其实这并不是件值得羡慕的事。

　　感觉不到愤怒的人，会是一个健康的人吗？正常人都会有生气的情绪，问题在于要用健康的方式表达。而想要健康地生气，首先要承认自己的心中有愤怒。

　　如果感觉不到怒气，就要找出原因，探究自己的内心是受了什么影响而感觉不到生气的情绪，并解开这个结。作为自己的主人，我们应该与深藏在内心深处的自己分享不满与愤怒，并好好安慰自己。

　　如果你也是明明生气、不高兴了，却还会表现得好像没事一样，那么你首先应该承认内心的愤怒，这样才能从委屈中得到安慰。应该让另一半或孩子们知道你生气了，即使他们不理解也没关系。人对他人的情感往往反应不够细腻，因此如果期待别人理解自己的心，反而很容易因为期望落空而更加生气。

通过自己告诉自己心里的不愉快是很有效的，例如对自己说："现在的你很生气，可是没有人知道，这样是不是更生气、更伤心呢？但是我知道，我们一起加油吧！""这种情况下任何人都会生气，所以你生气并没有错。"

如果生气时听到别人说："这么一点小事你也生气？"我们要立刻告诉内心的自己："那件事对我来说并非小事，而是大事，是其他人不了解。没关系，我自己知道就好。"通过这样的方式给自己带来安慰。

不要认为生气就一定会变成"坏人"，不需要用这种观念束缚、折磨自己甚至是自我苛责。每个人都会感到愤怒，而且应该表达出来，关键只在于能否适当地表达。也许你今天因为用了错误的方法生气而感到抱歉，那么明天就要提醒自己用更健康的方法来表达愤怒。

愤怒管理的心理训练 一

1. 你心里有积蓄的愤怒吗？如果有的话，主要在什么
时候会感受到呢？请具体写出来。

_____

_____

_____

_____

_____

2. 这时候，你会期待某个人来为自己做些什么吗？请
具体写出来。

_____

_____

_____

_____

_____

3. 以上内容请改用"自己对自己说话"的形式重新写
   下来。

   _____

   _____

   _____

   _____

   _____

4. 在现实中发生以上情况时，在"自己对自己说话"后，
   写下心里的感受。

   _____

   _____

   _____

   _____

   _____

斩断反复生气的循环

调节愤怒需要心理训练

父母们心里都希望自己"无论何时""始终"不发脾气，不要伤害孩子，理性对待孩子。但这种决心常常只能持续个两三天，短的话甚至半天不到就又"原形毕露"，自己也觉得苦恼。

这种感觉相信很多人都能感同身受，就像在游乐园坐过山车，一旦出发就必须坐完全程，中途是不能下车的。只要在愤怒的"输送带"上"转"过一次，下回就会很容易又被拉进循环中，大家都有过这种经验。

我前面已经屡次强调过，父母应该学习如何控制怒气，"控制"的意思并非强忍着不发怒，而是要区分什么可忍、什么不可忍，好好地、健康地生气。

控制怒气很难吗？为什么难呢？那只是因为你没

学会调节怒气的"思考功能"的使用方法，很多人甚至一生都不曾使用过这种功能，自然也就没有练习的机会。没学过、没练过，只好"病急乱投医"，毫无章法地应对情绪。然而，只要是学习过调节愤怒的方法并接受过训练的人，大多能在生活中控制愤怒，不仅自己本身，就连周围的人也不会再感到痛苦。

也许有些人会说，有些情况或心理创伤真的让人不得不发怒，就算想调节也心有余而力不足。当然，如果能先解决心理问题或改善情况，那固然好；但若无法马上解决或根本无法解决，那该怎么办？若因此任凭怒气爆发，伤害孩子的心灵，这是非常不负责任的行为。

调节怒气也需要肌肉

如果调节怒气的能力增强，无疑可以更加享受幸福的生活。有运动习惯的人因为经常使用肌肉，所以肌肉结实，能轻松抬起一些重的东西，但平时不运动、肌肉不发达的人往往手无缚鸡之力——理由很简单，平时不用，肌肉就会失去力量。

调节怒气也需要肌肉。我们可以通过持续使用调节情绪的肌肉，培养出调节怒气的能力。之前未曾使用或甚少活动的肌肉，刚开始用时会很吃力，也会出现失误，但随着持续活化，肌肉会变得更有力量，而且你也会越来越熟悉如何运用它们。如果因为太疲惫而放弃，肌肉的力量很快就会减弱，最后你会完全无法控制自己，面对情绪就像动物面对光一样，只会做出反射性的反应。

人类和所有生物一样，具有维持稳定的倾向，习惯按照既有的方式、熟悉的模式行动，习惯成自然后就会自动执行，忽略思考。然而接受新事物需要适应，养成新的习惯是非常困难的，除了需要决心和意志力，也需要花时间去摸索、熟悉。

切断愤怒的循环需要战略

若想切断反复发火的循环，就要先找出容易引发愤怒的情况，也就是检视自己发怒的模式，养成理性处理愤怒情绪的新习惯。尤其应该找出与孩子在一起时，自己什么情况下最容易生气，拥有明确的战略和意志，才能成功达成目标。

还是认为很难吗？如果觉得很难、想放弃，这里有一剂效果很好的药方：

当怒火上升时，请看看孩子的眼睛，当你看到那因恐惧和不安而颤抖的眼睛时，就会产生坚持下去的力量。

接下来，我会分几个阶段说明切断愤怒循环的战略。

● 战略一：生气时要有自觉

在咨询室里进行控制愤怒情绪的指导时，我通常会请咨询者试着记下自己在发怒前有哪些征兆，以及开始生气时会出现的行动或感觉。

大部分的人会先感受到身体上的变化，像是胸口闷闷的、脸颊又热又红、心脏扑通扑通地跳、浑身发热又发抖、眼前一片空白、头晕目眩、脖子僵硬等等，还有其他非常多样的身体症状。

如果能事先知道自己生气前的身体反应，那么情绪一上来就可以立即警觉："啊，脸热热的，原来我生气了！"这种时候用力做个深呼吸吧。深呼吸是医学界公认的最佳镇定方法。

学着去意识到自身的愤怒，是训练自己在短时间内通过瞬间思考的理性过程来调节愤怒的第一步。不要忘了，若没有自觉，就绝对无法控制愤怒。

● 战略二：命令怒气暂停一下

如果仔细观察大发脾气的人，不难发现人类特有的"理性"从他们身上消失了，看起来就像任凭情绪、直觉决定行动的野兽，只要心里感觉到了愤怒，就会做出愤怒的行为。

试着不要把"愤怒"和自己绑在一起，把怒气当成与自己无关的独立事物：虽然"你"在我心里，但"你"并不是我，所以我命令"你"与我分开。也就是把愤怒想象成一个人，然后开口对他说："愤怒，我命令你离开，一、二、三！"在说出口的瞬间，你便已经从怒气的泥淖里走出来了。

想生气的时候，试着尽快理一下当下的想法，是觉得孩子不听话、无视你，还是看到孩子什么都不会做，在失望之余感到气愤？请在记忆蒸发之前捉住引起怒气的想法，这样才能好好化解。

● 战略三：三秒钟决定要"生火"还是"熄火"

人一旦生气了，可能马上就忘了为什么生气。实际上，很多前来咨询的人带着难以控制的愤怒情绪描述完情况之后，却想不起来一开始到底为何而生气。

"一、二、三"之后就要决定是要灭火还是让火继续燃烧。三秒钟足以熄灭火种，也可以让火势瞬间扩大。这时我们要把握住时间，问问自己："这件事对我重不重要？""发完脾气之后，结果是利还是弊？"

如果觉得这是一件非常重要的事情，不能就此罢休，或者认为表达怒气对事情发展有利，那么要生气也行。但是要记住，不能采取破坏性、攻击性的方法，要让对方感觉这是"适当的生气"。反之，如果事情并非那么重要，或者生气只会造成更坏的结果，那么就不应该生气。

自己做的选择，结果也要由自己承担。

● **战略四：写下孩子惹怒你的行为**

这一阶段是给自己一点时间稍微冷静一下。假如孩子说要吃刚从锅里拿出来的热馒头，你会怎么做呢？哪怕只是花几秒钟，应该也会用嘴吹一吹，让热馒头稍微凉一些再递给孩子吧，绝不会马上把热腾腾的馒头一下就放到孩子嘴里。

怒气也一样，爸妈心里燃烧的怒火若直接向孩子发泄，孩子的心会受到严重的烫伤。所以当怒气涌上心头时，先缓一缓，就像用嘴"呼呼"地把热馒头吹凉一样，哪怕只是一会儿，也要尽量减轻怒气。

在实施"战略三"的过程中，如果思考过后发现事情并非严重到非生气不可，或是判断生气的结果会造成不利，那么就要冷静下来，寻找这愤怒的起源到底是自己，还是孩子。记录是很有效的方法，写下孩子的什么行为会刺激自己产生怒气，可能单纯只有一个原因，也可能是好几个理由集结在一起，总之想到什么就先写下来，文字简单粗略也没关系。

也许有人会想：火气正旺，哪里还想得到要记录下来？但是，大家真的会因为生气而晕头转向吗？真是因为这样才对孩子发火的吗？面对生活中的其他人也都这样发脾气吗？

不，我们会忍耐，就算要发泄也会理性发泄，以证明自己可以控制愤怒，是个理性的人。既然如此，在家里应该也可以在生气前先记录才对。

把生气时的心情以文字的形式整理下来有很多好处。第一，在生气的时候写字有稳定情绪的效果；第二，记录的过程中人会启动理性，因为会边想边写，可以帮助自己明确、了解状况；第三，写字本身就有心理治疗的效果。在记录的过程中，感觉心情似乎也慢慢变得平静，原本一团混乱的怒气也能整理出头绪了，试着去了解孩子想要的是什么，你想要的又是什么。生气的导火线或许是孩子的行为，但我们要找出更深层的原因，才能有效控制怒气。

如果手边没有笔记本或纸张，可以利用智能手机或平板电脑等电子产品。不过如果可以的话，最好还是准备一本小册子，提醒自己随时记录。如此实行下来，对找出自己发怒的模式会有很大的帮助。

● 战略五：想想能为孩子做什么，并马上实践

"战略四"的方法可以更合理地分析自己和孩子的立场。例如因为身体很疲累，孩子又偏偏在这个时候提出很多要求，所以让你感到生气。这时候可以简单直接地向孩子说明你的情况："妈妈今天在公司很忙，所以现在很累，希望你们可以帮助我，能够自己做的事就试着做做看，其他的事妈妈有空再帮你们，好吗？谢谢。"

有时大人对孩子生气甚至可能不是孩子的问题。如果妈妈下了班疲惫不堪地回到家之后还得照应孩子的各种需求，爸爸却只是袖手旁观，她当然会觉得委屈、

生气。这种状况就应该和爸爸一起解决，这才是为孩子着想的做法。而不应该把对另一半的埋怨转移到无辜的孩子身上。

● 战略六：如果什么办法都不行，就逃跑吧

如果连对自己喊话、命令自己暂停怒气也没用，什么方法都派不上用场，那就逃跑吧！不要回头看，先从怒火中逃走，移动双腿走到另一个空间，这是为了建立防御——因为如果待在原地，就会被怒气支配，无法理性思考，所以干脆移动到一个与怒气无关的地方来脱离情绪的支配。

从愤怒的现场或对象中脱离，至少要坚持十五秒，如果可以坚持十五分钟，那就一定会变得比较平静。脱离愤怒十五秒，与怒气相关的脑神经递质之间的平衡就会发生改变；十五分钟后，即使心理上还残留着一些情绪，但身体上的亢奋也已经消失了。

若无法完全脱离现场，那就在心理上创造新的空间，也就是把心思集中在与愤怒完全无关的想法中。可以想一想今天要做什么事，在心里列一张去超市的采购清单，或者想象把棉被拿出去晒，用力拍打，这

些都可以转移心情。

打扫也好，洗衣服也罢，都是简单的好办法。把不同颜色的衣服分开，一件一件放入洗衣机。要翻面洗的衣服就仔细地把它们翻面，灰尘多的衣服先在窗外抖一抖，倒洗衣液时仔细量好用量……在做这些琐事的过程中，时间慢慢流逝，你的大脑也会逐渐从愤怒模式转回正常模式。

就像在战场上有时以退为进会带来更大的胜利一样，这种做法并非逃避，先脱离现场有时比想象中更能控制火势。

● 战略七：给调节愤怒的自己一个奖励

如果你真的在生气时完成了以上战略，控制住了自己的怒气，那就太了不起了！不求每一种战略都做得完美，中间稍微休息一下也无妨，重要的是能坚持跑完全程。万事开头难，最困难的开始都已经完成了，接下来就能有勇气和信心继续尝试了。

这时请给了不起的自己一个奖励吧！孩子如果在课业上表现得好，大人不是也会给个贴纸或文具之类的小礼物吗？我们对自己也可以这样做。因为做得好而得到奖励，以此激励自己，下次就有动力做得更好。

如果是看得见的奖励，效果会更好。例如在一个玻璃杯里装满弹珠，每当控制情绪成功，就拿一颗出来放到另一个玻璃杯里，当所有珠子都拿出来后，就去做一件自己喜欢的事，不需要很盛大、隆重，就算是买个漂亮的小饰品也好，或是去喜欢的咖啡厅度过愉快的时光也很棒。

奖励也可以包括对自己喊话。每当成功完成一次情绪控制时，就对自己说："做得好，我很棒！""意志这么坚定，真是太厉害了！"自我肯定会让人更有信心。

即使有时没能控制住怒火，情绪控制出现失误，也要给自己鼓励和支持："这个情况确实很让人生气。没有人能每次都做得很好，下次再注意一点就好了。反省本身就代表进步啊。"

我们的大脑在接收新事物时，比起一鼓作气、照单全收，有时用水滴石穿、持续操作的方法效果会更好。就像锻炼身体，运动量不需太大，但是要长期保持，身体才会健康，我们的心理也适用同样的原理。从小事开始累积吧，再琐碎的小事也不要忘记经常做，无论是对你自己，还是对孩子们。

愤怒管理的心理训练 二

尝试过以上战略了吗？那么针对成功和失败的部分来进行分析和反省吧。

战略一	
战略二	
战略三	
战略四	
战略五	
战略六	
战略七	
总评	

写 "情感日记"

我们心中有个装情感的罐子

积水不流，久了会散发难闻的气味，还会滋生虫子，但流动的水不会腐臭。

情感也一样，生气、烦躁、抑郁等负面情绪无法散去，长期积压在心里，就会变成心病。但神奇的是，只要有人能理解自己生气或抑郁的心情，给予认同，那些情绪很快就会流走。所以，负面情绪若能得到善意的对待，对人的成长来说也是一帖良药。

相反，如果生气、抑郁的情绪被忽视，或者在心里使劲压抑的话，负面情绪的力量就会越来越大。就像弹簧，越用力压，反弹的力道就越大。哪一天一旦被触发，就会成为具有庞大威力的龙卷风，彻底动摇我们的生活。

每个人心里都有装着负面情绪的罐子。有的人把罐子管理得很好，经常整理清空；有的人却从来不管，塞得满满的。有些人甚至从未意识到自己心中的罐子已经满了。

把负面情感塞进罐子的理由很多，可能是从小就受到"生气是不应该的"的观念影响，也有可能是曾经受到过伤害。

如果生气、烦躁、抑郁、讨厌、憎恶、悲伤等负面情绪塞满了罐子会怎么样呢？我们会对很小的事情感到厌烦，稍微一碰就生气，听到一句毫无意义的话也会郁闷不已。这都是因为罐子已经装满，稍微有一点缝隙，情感就往外溢。

虽然现实生活很平顺，没有什么不幸的事，但心中却时时觉得痛苦、不幸福，那种氛围会笼罩着我们，感染周围的人。渐渐地，旁人会离开，因为他们也感到很难受。

把情感的罐子空出来

情感的罐子需要不时清理，把里面的东西清空，我们要随时检查，让情感顺利流出才是健康的处理方式。虽然没有人可以像教科书一样，完美、精准地处理自己的情感，但只要尽己所能地努力，心灵就会得到平静，能达到这种程度已经很幸福了。

清理情感罐子的第一步，是要先了解自己感受到的负面情感主要是什么。生气时只是一味容忍、假装什么事都没有是不行的，但一生气就一发不可收拾也不好。如果生气就发泄的话，情绪或许不会积在自己的罐子里，却会给别人的罐子注入负面情感。

如果意识到了积压在罐子里的情感，就要承认并对自己产生同理心。

"哎，张文惠，你刚才很生气吧？激动到嘴唇都在抖，我了解你的心情，不要太难过。""金恩静，孩子总是爱捣乱很烦对吧？等他们长大一点情况就会好一点，不过现在真的很辛苦，我都了解。"

就像对他人产生同理心一样，我们也要对自己产生同理心，像前面说过的，可以对自己说话，带着善意给予响应。绝不能指责自己，说："孩子们还小，难免会这样，就忍忍吧。这点小事都忍不住，也太差劲了吧！"这样反而会加重悲惨和痛苦的感觉。

平时经常散步、欣赏音乐，定期进行冥想等，都有助于调节情感罐子的容量，放松我们的身心。虽然每个人需要的时间不同，但这个过程本身就可以让人平静。心情变轻松，就是罐子里积累的负面情感流走的证据。

如果你发现你的情感罐子已经满了，现在就试试看吧。当负面情绪再次升起，你的心就会有余裕从容面对，会发现原本累积的情绪也融合在了一起，最终被化解。

"一石多鸟"的兵器："情感日记"

我们的大脑即使忘记了某个事件，也不会忘记当时不舒服的感觉，而且会把感觉储存起来。若不刻意介入，受过伤的心灵就不会复原，因此，心理治疗的基本就是掏空负面情绪。

想从情感罐子里去除负面情绪，建议可以利用写"情感日记"的方法。将自己深深压抑、藏起来的情感挖出来，再进行治愈。不需要运用华丽的辞藻，也没有必要顾及逻辑性，只要把自己的感受翔实地记下来就可以了。写"情感日记"不仅有治愈的效果，还有很多好处。

● 开始从客观角度看待事件

在产生负面情绪的时候，人或许会陷入当局者迷的处境。神奇的是，一旦开始记录，我们总能跳脱出来，像看第三者的故事一样客观地看待事件。所以我在进行咨询时，会建议咨询者不妨把自己的故事当成电视剧，以第三人称的形式描述。

● 发现自己生气的模式

在记录的过程中，逐渐可以发现自己在类似的情况下会进入相似的情绪模式，这时你就会了解："啊，原来我在这种时候会觉得很生气。"若能了解自己生气的模式，就能找到方法解决。下次遭遇类似情况的时候就可以提前做好心理准备，继而有效应对。

● 清楚地找到愤怒的主体

这句话的意思是说，明确知道生气的原因是在自己还是对方身上。比方说，从表面上看，妈妈似乎是因为丈夫或孩子的言行而生气，但记录之后发现了隐藏的另一面：其实自己是把对自己的不满，投射到了家人身上。

● 平复身心状态

虽然不容易做到，不过在生气的时候暂停一下去进行记录的效果最好。这等于是在火气上升时中断火势，有助于愤怒的情绪平息。

另外，因为人在书写、记录时会动脑筋思考，所以能量会集中到脑部，身体肌肉就会放松，心脏跳动也会恢复正常。人在生气时，由于身体能量的消耗，往往一下子就会感到无力，变得疲惫不堪。事实上，经常发怒会对心脏和大脑产生不良影响，这在医学上早已得到证实。

● 对孩子来说也是很好的生活教育

孩子会通过观察他人情感表达行为进行模仿，并得到成长。当他们看到父母为了控制怒气所做的努力及成果，自然而然会学着做。希望为人父母的各位都能成为可以好好生气的好爸妈，成为孩子的最佳身教榜样。

愤怒管理的心理训练 三

调节情感罐子的容量是控制怒气很重要的工作之一。
下面让我们参考示例，学着记录自己的情感。

	举例
日期	5/3 （四）
状况	要做的事情已经很多了，孩子们还是要求做这个做那个，他们之间还会吵架。但是老公却只会看电视。电视声、孩子们的吵闹声，整个屋子里都震耳欲聋，我好想离开这里。
情感和理由	1.怒 （针对所有事） 2.委屈 （老公是国王？我是女佣？） 3.忧郁 （感觉自己像在孤岛）
强度	1.非常强烈 2.强 3.一点点
解决	虽然对不听话的孩子感到生气，但似乎对老公更加生气。 这个家难道只有妈妈，没有爸爸吗？老公一点忙都不帮，连当爸爸的责任都不顾了吗？ 但是想想，他在外面工作也很累，有什么不开心也不会说出来，要是我找他吵，情况会更糟吧？说他也不是，不说也不是，所以才会这么郁闷。

	1	2
日期		
状况		
情感和理由		
强度		
解决		

🐦 在哺乳脑和智人脑中选择

"你知道这个要多少钱吗？"

"喂，成敏宇！你现在在干什么？我有没有说过不要摸那个？"

妈妈高分贝的声音穿过客厅，迅速抵达孩子的耳朵。敏宇瞬间愣住了，望着妈妈。他手上拿着妈妈新买的口红，地上的玩具车每个轮子都被涂满了口红。

"我真的会被你气死，怪不得这么安静！"

敏宇妈妈奔向孩子，那模样就像冲锋陷阵的军人一样，一脸严肃。她咬牙切齿地说："你知道这个要多少钱吗？"

敏宇妈妈本来想一把夺下孩子手上的口红，却先举起手猛地打了一下他的后背。接下来的场面不用说也能想象得到，因为通过这种方式发火的妈妈并不少见。

根据脑的不同功能，反应和行动会不同

想必家长们即使生气也不想伤害孩子，但是很多人都像敏宇妈妈一样，一生气就会做出反射性动作。我们可以根据脑的三个功能来分析人在生气或与他人起争执时的反应及行为。

● 爬行脑：生命之脑

人的脑有三层，最里层的脑由脑干和小脑组成，脑干掌管身体本能的活动和肌肉，如果伤到这部分脑，身体就动不了了，因此又被称为"生命之脑"。

你也许在纪录片中看到过，鳄鱼在生气或感觉生命受到威胁时，会用力摇动尾巴或动下巴，这是为了保命而做出的本能反射动作。人的脑干进行身体反应也是类似的状况，例如生气时脸上肌肉抽动，紧握拳头，有人还会全身颤抖或咬牙切齿。这些都是我们在不知不觉中做出的反射动作，这部分的脑被称为"爬行脑"。

● 哺乳脑：情感之脑

围绕在爬行脑外的第二层是边缘系统，主管感情、情绪等，所以被称为"情感之脑"。

小狗一看到主人，就会摇尾巴靠近，用舌头舔主人的脸或手表示喜悦；老虎一亢奋就会咆哮；还有包括人在内的许多哺乳类动物感到恐惧时会哭叫或哀号等。我们表达情感的反应来自边缘系统，这在爬虫类身上没有，又被称为"哺乳脑"。

● 智人脑：理智之脑

最外面的脑结构是大脑新皮层，这是唯独人类才有的进化的证明，因此被称为"智人脑"。人类能够拥有其他动物无法做到的高度精神功能和创造活动，全靠大脑的新皮层。所以人类才能成为万物之灵，可以凌驾于其他生物之上。除了人类以外，其他动物都无法执行说话、写作、计划、预测、创造、理解、评价、统合等高层次功能。

得益于"理智之脑"——新皮层，人类可以拥有理性思考和行动，因此有能力从客观角度观察和评价自己的行为。

"智人脑"与"哺乳脑"的竞争

既然已经理解了脑的三种功能和人类行为,那么我们现在就把它应用到生气的情形中。生气时如果未通过"理智之脑"(智人脑)思考,只使用"情感之脑"(哺乳脑),那么这种行动被称为"情感反射性行动"。

就像野狗被路过的行人逗弄后,突然一边吠叫一边跑过来咬人一样。狗没有理智之脑思考"如果我咬这个人会发生什么事情"或是"我现在为什么想咬这个人"等问题,只会单纯地使用情感之脑、生命之脑,反射性地按照感情和肌肉的引导行动。

美国心理咨询学家哈维尔·亨德里克斯(Harville Hendrix)博士将爬行脑和哺乳脑称为"反应之脑"(reactive brain)。因为它们没有"思考"的功能,所以只能本能地、冲动地做出身体反射、感情反射的行动。

智人脑则被称为"思考之脑"(reflective brain)。因为我们对现在发生了什么事情以及未来会发生什么事情,具备"停下来思考"的能力。人类有进化得最复杂的脑,因此,与其他动物过着截然不同的生活。

像人一样过，还是像小狗一样过？

你发脾气的时候，哪个脑用得多呢？前文中提到的敏宇妈妈，她发脾气时主要使用哪个脑做出反应呢？当她看到孩子将口红全涂在玩具车轮子上时，身体先做出反应，生气的同时情绪反射，一边吼叫一边跑过去抢东西、打孩子的背。这样的行为和狗一生气就本能地吼叫着跑过来咬人有什么区别？

问她为什么那样做，敏宇妈妈说："当时太生气了，什么都没想。"没错，当下思考之脑没有启动，只有反应之脑被启动。虽然是人类，但与鳄鱼、狗、老虎一样，对着子女做出身体和情绪的直接反应。可见人一旦生气，理智之脑就会"失灵"。

如果敏宇妈妈在动怒的那一瞬间能启动理智之脑，哪怕时间很短，情况也会发生改变。或许会在身体瞬间做出反应、想要发怒的情况下，即使跑向孩子，也不会做出对孩子怒视、打背的动作，而是会先思考："他从哪里拿到的口红？我放在哪里了？是不是随便放在了孩子伸手够得到的地方？""孩子不知道那口红有多贵才拿来玩的吧。"这些念头即使只是像风一样从脑中吹过，也会让情况变得不同。

大脑用得越多越发达

也许有人会问："都已经火冒三丈了，怎么还想得到那些？"我以前也这么认为，但是现在，那对我来说就跟"因为辛苦又麻烦，所以不想努力"是一样的逻辑。"我想怎么样就怎么样，就算孩子受到一点伤害也没关系，反正他们很快就会忘记。我也是这样长大的，没关系。"这种想法是不负责任的。

怎么会没关系呢？对孩子做出那种过激反应，正是说明自己对这件事很在意。孩子犯了错，不该第一时间生气，应该给予适当的教导，重点是"适当的"。生气时很难进行适当的教导，这点请大家一定要记住。

我们的大脑越用就会越发达，不用就会退步。所以每次感到生气的时候，就要努力使用思考之脑。一点一滴的努力累积下来，不知不觉间就会发掘出那个能够在生气时使用智人脑的人性化的自己。

孩子对父母来说都是无比珍贵的存在，希望父母们能以"为了孩子没有什么做不到"的决心去努力，多运用思考之脑。

愤怒管理的心理训练 四

1. 火冒三丈的时候，你是爬行脑妈妈、哺乳脑妈妈，
   还是智人脑妈妈？

_____

_____

_____

_____

_____

2. 写出在什么情况下会成为以下的妈妈。

● 成为爬行脑妈妈的情况

_____

_____

_____

_____

_____

● 成为哺乳脑妈妈的情况

_____

_____

_____

_____

_____

● 成为智人脑妈妈的情况

_____

_____

_____

_____

_____

3. 成为使用智人脑的理性妈妈会感到困难吗？如果会，是什么样的困难？请具体写下来。

● 性格问题

_____

_____

_____

_____

_____

● 环境上的问题

_____

_____

_____

_____

_____

4. 请写下为了成为使用智人脑的妈妈，可以向周围的人寻求什么样的帮助。

_____

_____

_____

_____

_____

_____

_____

_____

_____

_____

预先防备"食人鱼时段"

妈妈已经疲惫不堪了

下班时间，妈妈走出公司，先打电话确认了大宝已经安全到家。出了地铁站，去超市买完晚餐食材，便赶到幼儿园接小宝一起走回家。因为孩子走得慢，怕耽误了晚餐时间，干脆背起小宝快步走。

回到家，两个孩子兴奋地一起玩，闹哄哄的，让人晕头转向，还时不时跑到妈妈面前叽叽喳喳，要妈妈拿这个弄那个。但是妈妈身心都很忙碌、疲惫，没有工夫回应，因为必须赶快做晚饭。

妈妈已经累坏了。原本玩得很开心的孩子开始吵架、哭闹，又跑到妈妈跟前互相告状。回头一看，客厅里堆满了下班回来还没整理的杂物和孩子们乱放的玩具。这时妈妈心里隐隐约约好像有什么涌上来，感觉头热热的、涨涨的。电话铃声响起，老公说快到家了，肚子好饿，要马上吃饭。

"啊，压力真的好大！我快烦死了！"真想这样大喊，眼泪差点就流出来了。我想职场妈妈应该都有类似的经历吧，如果你看了也有同感，那请特别看看接下来的部分。

可怕的"食人鱼"等着吞噬你

正如"雪上加霜"所形容的那样，令人气愤的事情总是会接连发生。或许日后回想起来会发觉这也不是什么值得生气的事情，但在当下，即使仅仅受到了微小的刺激或压力，也会让愤怒爆发。

为什么会这样呢？其实，人都会有一个易怒时段，这时候人特别容易生气，而偏偏这个时段不好的事也特别多。

以绘本《你很特别》而广为人知的作家陆可铎，将这种时段称为"食人鱼时段"。食人鱼攻击性强、粗暴，一旦被其咬住就无法逃脱，任何猎物遇到它都会很快被啃食到只剩下骨头。这就跟一旦生气就会毫不留情地把对方甚至周围一切都夷为平地的人的情况非常相似。

妈妈们容易生气或无法控制情绪的"食人鱼时段"

通常在早晨或晚上，尤其职业妇女更是如此。身体只有一个，要做的事情却很多，时间不够用，而这两个时段通常是最忙乱、最敏感、最容易发火的，一旦心中的怒火开始往上冒，就会一发不可收拾。

预先防备"食人鱼时段"

一般人生气时，除了强忍和发泄之外，似乎没有其他解决愤怒的方法。但是，如果稍微改变一下视角，就会发现解决愤怒的方法出乎意料地多，其中也有很简单就做得到的方法。

其中之一就是掌握自己的"食人鱼时段"，针对经常反复出现的状态事先想好预防措施。换句话说，就是为了减少生气或不要生气而准备好对策。

把工作分散开，有效利用时间

在"食人鱼时段"被触发怒气大部分是反复的、可预见的状况，因此，提前采取应对措施并非难事。

从前面举的例子来看，那位妈妈的"食人鱼时段"必定是晚餐时间，那么可以提前准备的措施有哪些呢？为了下班后不要那么忙乱，在这里提出两个可行的方法。

首先，晚餐材料可以在白天提前购买，或者利用网络订购，下班后就不用急急忙忙去超市。另一个对策是可以让孩子就读家附近的幼儿园，缩短通勤时间，这样连早上的时间也能省下来。

如果家附近没有合适的幼儿园，可以和丈夫一起寻找解决的方法。例如两个人轮流接送孩子，或者比较早下班的人就去接孩子，这是最实际的做法，现在很多家长都是这样分工的。

具体计划，共同分担家务和育儿

对于双职工家庭来说，如果两人一起分担家务，会对生活有很大的帮助，这是很重要的一件事。过去我曾遇到一对夫妻，妻子抱怨累得受不了，但丈夫却无法理解。当时，我建议他们以一个星期为限，"角色互换"试试看。

于是，回到家，妻子照丈夫平常的样子，一到家就休息，丈夫则是按照妻子平常的流程，下班回家就操持家务。一个星期过后他们再回来咨询，丈夫说不想再扮演妻子的角色，实在太累了。当然，在经历过角色互换之后，他对妻子的态度已经有了变化，变得更体贴了。

在我年轻的时候，经常听说职场妈妈在家务和育儿的两头烧之下出现超负荷的状况。与其说丈夫对妻子缺乏关爱，不如说是他们对家务和育儿事务的繁杂程度认知不足。无论是过去还是现在，大部分情况下，妈妈在家务和育儿方面所承担的分量都很大，有智慧的时间管理才是从根本上减少生气的基础。

各位的"食人鱼时段"是什么时候？容易被触发怒火的点是什么？和另一半面对面，好好想一想吧。如果考虑可行就要实践，这样才能改善生活质量，拥有幸福的家庭生活。

下一页特别留了空间给各位写出想法。鼓起勇气将想法付诸实践，那么生气的次数就有可能会减少，强度也会明显减弱，原本的"食人鱼时段"会成为愉快和谐的时段。

愤怒管理的心理训练 五

1.写下你的"食人鱼时段"。

_____

_____

_____

_____

_____

2. 你在"食人鱼时段"里有哪些事要做?

_____

_____

_____

_____

3. 请具体写出分散工作或得到帮助的方法。

在与子女的"爱的存折"中增加余额

夫妻咨询即是亲子咨询

美国著名心理学家戈特曼（John Gottman）提出的实用性夫妻心理咨询理论中，也有很多适用于亲子的好方法，在我过去经手的个案中，得到的反馈和结果都很正面。

无论是夫妻关系还是亲子关系，都是人与人的关系，如果爸妈自觉平常很容易生气的话，接下来所讲的内容请一定要在生活中实践，相信不久就会看到孩子显著的变化。

建立与子女共有的"爱的存折"

先建立一个孩子和爸妈共有的存折吧，但不是存钱的存折，是"爱的存折"，里面存的是爸妈和孩子之间所有的情感，有快乐、欢愉、轻松、幸福、自信、自豪、欢喜、满足、充实等积极感情，也有愤怒、伤心、埋怨、郁闷、讨厌、烦躁、抑郁、挫折、丧失、绝望等负面情绪。

积极感情多，存折的余额就多；反之，消极情绪多，余额就会变少。存折里的余额有时会很丰厚，有时也会逐渐变少，甚至几乎见底。我们的目标是让亲子之间产生更多的积极感情，最大限度地增加余额。

如果平时爸妈和子女之间累积很多积极的感情和信赖，即使孩子受到伤害或爸妈感到失望，因为已经有了彼此喜欢和信任的前提，所以很容易解决问题；反之，如果亲子之间平时积压了许多不满和不悦，对彼此有很多看不顺眼的地方或烦躁的负面情绪，那么即使是一件小事也会留下很大的伤口。

在这种情况下，即使有和解的想法，可没有实践的能量，也会感到室碍难行。就像没有本钱要怎么做生意呢？而如果平时在"爱的存折"上认真储蓄，当遇到这样的危机时，就有足够的能量可以运用。

增加存折余额的方法隐藏在琐碎的日常中

大人们常开玩笑说，孩子小时候带来很多喜悦和幸福，是为了让父母能够忍受未来艰难的青春期。但是，幸福的童年越来越短，储备的能量也越来越少。从七岁、五岁，到现在所谓的"三岁猫狗嫌"，不只是在孩子很小的时候，在"爱的存折"上不断积累余额的行为必须一直持续到孩子长大，才能顺利度过日后可能遇到的状况。

如何在"爱的存折"中增加余额呢？其实方法不难，也不是很特别，都是从日常生活中的小处就可以做到的。但可别以为那一点一滴的效果不大，只要开始，就能真正体会到"聚沙成塔"的威力。

● 方法一：和孩子一对一约会

如果家里有不止一个孩子，那么可以试着安排每个孩子与妈妈或爸爸一对一约会的时间。每个孩子的个性都不一样，优点和缺点也不同，我们可以提前询问孩子，或与孩子一起安排行程，让他有参与感。根据孩子的喜好和取向去安排约会，例如花一两个小时听他说故事的"聊天约会"，或是去吃孩子喜欢的食物的"美食约会"，都是很棒的做法。

约会当天，不受其他兄弟姐妹的干扰，可以"独占"爸爸妈妈，想象一下孩子会有多开心。虽然需要事先把其他孩子安顿好，可能会有些麻烦，但这不足以与跟孩子好好约会所得到的收获相提并论。小区里的爸爸妈妈们可以互相支持、照顾，相信家中其他孩子也会因为期待自己和爸妈的约会而愿意配合的。

● 方法二：成为亲切和蔼的父母

遇到和蔼可亲的人，我们的心情往往会自然而然地变好，孩子也会跟大人有一样的感觉。通过爸妈亲切和蔼的言行，孩子可以感受到爱和尊重，自信心也会提高。如果面对的是冷淡木讷的爸妈，孩子心里自然也会感到不愉快。年龄小的时候因为见过的人不多，对那种情绪似懂非懂，但随着年龄渐长，接触的人多了，就会知道那些都是负面情感。

我们家老大上小学时，有一次老师布置了一项作业，将小朋友分成几组，小组成员互相进行家庭调查，为期一个月。有一天，我们家老大为了这个有趣的作业和同学通了电话，看起来心情很好，挂上电话还轻松地哼着歌，然后对我说：

"妈妈，我每次去芝英家都很开心，因为芝英妈妈人很好，在她面前做什么都很自在。光是听她的声音就觉得心情很好，见到她更开心，其他同学也很喜欢去芝英家，还说要住在那里不回家了呢！"

芝英妈妈说话带有庆尚道口音，听起来很愉快、柔和，圆圆的脸庞看起来和蔼可亲，我也觉得她是个自然不做作的人。"原来孩子们的感觉跟大人一样啊。"我突然有一种"当头棒喝"的感觉，同时也对孩子感到抱歉。

和孩子互动时亲密一点，就算有点肉麻又怎么样呢？觉得害羞又有什么关系？如果我的亲切和蔼能让自己的宝贝感觉幸福，那么有什么理由不去做呢？这既不是给别人添麻烦的行为，也不用花什么钱，孩子的幸福只取决于我的心。如果习惯以和蔼可亲的态度待人，不仅孩子会感到幸福，连自己也会觉得幸福。并不是要大家过度伪装自己，只要尽自己所能，然后再努力一下就好。现在就请先放下书，对着镜子放松面部肌肉，嘴角稍微往上抬一下。如果孩子在你身边的话，请现在就转过头看着孩子说："亲爱的智秀，妈妈爱你！""亲爱的孩子，爸爸爱你！"

● 方法三：多进行肢体接触

我来考考大家。有一件事是孩子非常喜欢的，这件事可以降低孩子的攻击性和暴力性，让他们成长为追求和平的大人。这件事如果做得不够，孩子就无法好好长大，甚至将来会危害到生命。童年经历过这件事并感到满足的人，在成为父母之后，也会为自己的孩子做这件事。这件事可以帮助人减少压力激素，增强大脑的灵活性，能带来比说话强十倍的安慰，让做这件事的人和接受的人都感到幸福。这件事做起来一点也不难，更不用花钱，就算常常做也不会觉得有所消耗，不会觉得烦腻。这是人与人之间最温暖的礼物。

以上是韩国大邱韩医大学教授金相浩（音译）在博客上发布的文章中的一段。知道答案是什么吗？那就是肢体接触。有无数相关研究、实验和论文都证明，肢体接触的效果基本上是良好的。

另外也有实验是针对正在伤心或生气的孩子，分别以言语和肢体接触的方式给予其安慰，并进行比较。美国迈阿密大学医学院教授菲尔德（Tiffany Field）博士一直致力于研究肢体接触对人类的重要性。

其中一项实验是以处于悲伤状态的孩子为对象，尝试分别以六十种语言安慰及六十种肢体接触安慰进行实验。结果发现，语言安慰中只有三种对抚慰孩子的心灵有实际效果；相反，肢体接触中有五十三种起到了实际安慰的作用。

虽然肢体接触越多越好，但要注意的是，不能在孩子不愿意的状态下强制进行。"对方不愿意的时候就不要做"是肢体接触的重要原则之一，再好的方法都比不上尊重和体谅孩子的意愿来得重要。

● 方法四：多给予同理心

同理心几乎是所有育儿书籍中都格外强调的一点，也是人与人的关系中最基本、最重要的要素之一。同理心可以解释为"心灵的接触"，就像肢体接触一样，对他人的情感像亲身感受一般。小时候获得很多理解的孩子，长大之后也能对别人产生同理心，能理解与体谅他人。同理心是比 IQ 更重要的 EQ 的基石。

● 方法五：不过分介入孩子的生活

从婴儿成长到幼儿，孩子会逐渐产生什么事都想自己动手做的念头。例如：想自己吃饭，明明掉出来的比吃进嘴里的还多，却还是紧抓着汤匙坚持继续吃；想自己穿鞋却左右不分，妈妈看到了想帮忙，孩子却哭着不肯。类似的状况在生活中并不陌生。

其实从孩子小时候就应该给予他们符合其年龄的选择权和自主权，借此培养孩子的自我主导力。随着孩子的年龄增长，更应该尊重他们的自主性，警惕过多的干涉和控制。如果凡事都要干涉、介入，孩子长大后就可能成为"爸宝""妈宝"，凡事都要问爸妈才能决定。因为他未曾得到过自己解决问题的机会，所以最终成了没有主见的人。

新加坡国立大学进行的一项实验显示，父母干预孩子的事频率过高，孩子的抑郁程度也会相对提高。其他研究也发现，孩子经常压抑，把愤怒累积在心里，很容易产生自我批评式的思维。明明是孩子可以自主解决的事，父母却偏要加以管制，这自然会给孩子带来心理上的副作用。

一直在孩子身边盘旋的"直升机家长"、盲目为孩子铲除一切阻碍的"割草机家长"、抱着孩子不放的"袋鼠妈妈"，不都是这种类型的父母吗？关心、热情和时间都用在了错误的方向上，真是太可惜了。以为过分干涉、保护和介入就是爱孩子，在韩国社会中，这样想的家长特别多，然而这是错误的想法。

所谓过犹不及，事情做得太过分的话，还不如不做。在养育孩子的路上，要保持适当的距离和界限并不容易，想找到适当的方法，最好先从尊重孩子的心开始。

愤怒管理的心理训练 六

思考一下如何增加与子女之间的"爱的存折"的余额，并根据孩子的特质列出具体计划。

第五章

如果实在控制不了怒火

🐦 最简单的同理心对话法：回声对话法

所有孩子都喜欢同理心

生养第一个孩子的过程中，想必会经历很多"人生第一次"。尤其是看到孩子虽然出生不久，却已经会学大人的模样了，真是太神奇了！我微笑时跟着笑，我皱眉时跟着皱，我张开嘴发出声音，孩子也跟着把嘴张得大大的，咿咿呀呀地发出声音。直到现在，想到那时孩子可爱的样子，我的嘴角也会不自觉地浮现笑容。

孩子之所以会模仿爸妈，是因为大脑中有一种叫"镜像神经元"的神经细胞。镜像神经元会让人一看到对方的行动，就产生仿佛自己也在亲自行动一样的感觉，会在不知不觉中模仿那种行动。

不仅是行动，能感受别人的情感也是镜像神经元的功劳。当看到别人正在感受某种情感时，我们的镜像神经元就会受到刺激，产生神经共鸣。

光是观察别人的行动就会自然而然地跟着做，别人心中的情感就像自己的情感一样，让人产生相同的感受，人的身体和心灵真是神妙莫测。

"同理心"一词源自"移情"的德文"einfühlung"，这是由"ein"（移入）和"fühlung"（情感）组成的合成词，即移入情感的意思。像是将对方的情感移入自己心中一样，是一种心理现象。

确立移情概念的德国心理学家李普斯（Theodor Lipps）表示，若想了解他人的心，只要抱着模仿对方的心态去努力就可以了，这就是"同理心"。同理心是人际关系中，我们与他人相互理解的最根本要素。

无论是性格乖僻的孩子、温顺的孩子，还是具有攻击性的孩子、回避型的孩子，都希望父母能对自己怀有同理心。这无关年龄，不管是婴儿、青少年，还是已经长大成人的人，只要是为人子女，最喜欢的父母的反应也是理解、共情，所有人都希望得到同理心。

同理心的对话，看似简单，但很多人做不到

就像去中药行抓药，药方里都会有一味甘草一样，同理心也会出现在所有的育儿书中。但在现实生活中，最难做到的也是同理心。虽然肉眼看不到情感，但行

动是能立即看到的，所以父母会先针对行动做出反应，因此也就很容易错过展现同理心的时机。所以，对于父母来说培养自己的同理心非常重要。

如果你一看到孩子的行动就会立即做出反应，那么就训练自己放慢速度，在做出反应前先试着理解孩子内心的感觉。刚开始也许会不太顺利，但也不要放弃，坚持下去，熟练后就会成为有能力产生同理心的人。

尤其是性格上很难与他人产生同理心或是习惯以自我为中心的人，更需要努力练习。但是爸妈们通常不太喜欢练习，虽然都会说自己很忙，不过实际上主要还是嫌麻烦、怕累。

有的家长会抱怨孩子不好好练钢琴，实力没有提升，交的学费都浪费了；有人说学校里体育课要考跳绳，带孩子出去练习，孩子却懒得动，因而责骂他们不认真。你是哪一种呢？

照葫芦画瓢就能恢复关系的"魔法回声对话法"

小时候在乡下的爷爷家，我第一次听到回声，当时觉得很神奇，又有点可怕，很奇幻的感觉。我一喊"呀呼！"，周围的山就像轮唱一样，同样的"呀呼！"此起彼伏。

"回声对话法"就是像回声一样模仿对方的话，

而且是只要去做就能取得不错效果的同理心对话法。只要照着孩子说的话说、跟着做出孩子说话时的表情就行。如果做不出同样的表情也没关系，抓到感觉就好了，就这么简单。

假设孩子说："妈妈，电话的声音太吵了！"同时还表现出不耐烦的样子，这时妈妈就可以附和说："妈妈的电话声太吵了，很烦是吧？"

如果对孩子说"打电话本来声音就比较大啊"或是"你怎么这样跟妈妈说话"，就像是在责怪孩子，而非同理心的表现，接下来要再进行沟通就会变得困难，想要孩子修正行为就更困难了。

正如前面多次强调过的，只有建立在共识、尊重和信赖基础上的教导，才能让孩子改正且不会受到伤害。

孩子表达负面情绪时，回声对话的效果更大

回声对话在所有情境下都可以进行，不过有人会觉得在爸妈心情不好、孩子不听话时用回声对话法并不好，因为爸妈基本上不能认同孩子说的话，自然就不想给予回应。但其实回声对话效果最好的时机，就是在孩子表现出负面情绪的时候，例如生气、悲伤、

不开心、闹别扭等，这时候产生同理心的效果最好。

　　站在镜子前，镜子就会原原本本反映出我的样子，因为镜子不会判断，只会照本宣科，当然也无法改变我。就像镜子不会让丑陋的脸变漂亮一样，爸妈只要照着听到的话做出回应，先不要对孩子的行为做任何判断，就像照出真实面貌的镜子一样，模仿孩子的话和表情，这样的反应就是"镜射"（mirroring）。

　　回声对话法用在进入青春期的十几岁青少年身上，也有显著的效果。这个时期的孩子对别人的批评特别敏感，运用回声对话法，没有说教、判断和斥责，纯粹顺着孩子说话的内容响应，可以让孩子感受到同理心，认为自己获得了理解，心中就不会对爸妈产生抗拒感。

　　爸妈不掺杂个人立场曲解孩子的意思，孩子便会产生可以继续对话的安全感。至于爸妈这边，则应该在附和的过程中确认自己听清楚了孩子表达的意思，进而减少误会的产生。

灵活运用回声对话法

　　在基本的回声对话法的基础上稍微做一些改变，就可以根据情况灵活地进行自然的对话。即使只是像

"啊""噢"这样的感叹词，随着语调的变化，感觉也会完全不同。

根据不同情况，同一句话有不一样的表现方式。如果一时不知道如何变化，可以先从"噢，原来如此"开始，不管孩子说什么，只要回应"噢，原来如此"或"原来是这样啊"，孩子就能感觉被认同。

● 回声对话法的种类

对话形式	说明
"因为……所以觉得"	"因为妈妈打电话的声音太大，妨碍到你了，所以你才觉得很烦啊。"
"因为……好像让你"	"因为妈妈打电话的声音太大，好像让你觉得很烦哦。"
"看起来好像……"	"夏英看起来好像很烦。"
"看起来好像……是吗"	"夏英看起来好像很烦，是吗？"

不过，回声对话法因为相当简单，所以还是会有副作用。例如孩子的脑子里充满了想法，并很认真地表达，妈妈却好像没有灵魂似的一味地回应"原来如此""原来是这样啊"，这样会让孩子觉得妈妈根本

就对自己漠不关心。千万不要以为有响应就好，有心无心其实孩子都知道。

现在我们对孩子所做的一切，都将影响孩子的人格，决定孩子未来的人生，还有什么比这更重要的呢？以富有同理心的对话拥抱孩子的心灵，比给他昂贵的玩具、送他上名师补习班，或是在各种竞赛中得到奖状奖杯都要珍贵。现在你决定好在哪里多用点心了吗？

KEY POINTS

- 与同理心形影不离的是"真诚"。再好的对话方式，如果缺乏真诚，孩子很快就会知道那是"没有灵魂的话"。

- 即使再忙再累，当孩子想跟你对话时，也请耐心地看着他的眼睛，把耳朵和心都集中到孩子身上。做好这一点，将来后悔就会少很多。

避免普及化的指责

回避跟妈妈交流的孩子

小英是一个平凡的中学二年级女生，从几个月前开始，她突然只与妈妈进行日常形式化的对话，而且只说必须说的话，不发短信，也不用通信软件沟通。真正有重要事情的时候，就写在便条上，但也仅有两三行文字。

小英的理由是，如果和妈妈说话的话，不出几句就会生气、会有压力，所以宁愿用纸条转达自己想说的话，这样就可以避免吵架。当她被问到有没有想过妈妈的心情会怎么样时，她回答说："以前我们两个人只要一开口就会吵架，彼此心情都不好，但是现在没有那种事了，妈妈应该也觉得现在这样比较好吧。"

因为妈妈生气的时候连最基本的对话都没了，所以小英才会在心里高喊"绝对要避免和妈妈有更多的交流"，同时外表装出一副若无其事的样子。听到她的故事，连我这个局外人都觉得难受，身为当事人的这对母女心里不知有多么郁闷和痛苦啊。

妈妈不懂不满和指责的差异

我请小英写下妈妈说过的最难听的话，如下所示：

- 你哪次听过我的话？
- 光是看你不会读书我就一肚子气，你就是那种不学好的孩子。
- 我做的一切都是为你好啊！
- 你要是有你妹妹的一半就好了。
- 你要是这样的话干脆就不要做了。

看了孩子写下的内容，小英妈妈却表示不知道自己做错了什么，她认为一切都是事实，坦率地表达不满有什么不对吗？实际上，她并非只是表达不满，而是把不满直接化为指责，倾倒在了孩子身上。

不满和指责有何不同？不满单纯是一种心境，出于对某种事物的不满足；指责就比较复杂，有的人如果遇到令人不满的行为，通常不会只针对该行为进行否定，而是会把其他事全兜在一起，全面否定对方，这就是指责。指责会激化说话者和被指责者双方的负面情绪。

如果只是被人针对行为本身进行批评，虽然听起来心情也会不好，但基本上还可以接受。所谓"对事不对人"，至少是理性的就事论事。但是如果从不满转化为指责，对象就从事变成了人，对方为了保护自己，也会本能地进行防御，所以才会发生争吵、动怒、彼此否定。

诉说不满的时候也要尊重人格

小英妈妈把对小英的某一种行为的不满，扩大到对她所有的行为的不满，进而攻击小英的人格，认为她根本就不是一个优秀的孩子。比方说，妈妈从"小英功课不好"这个单一事件，直接延伸到"她其他事也做不好"，否定了小英本身的所有能力。

从小英的立场来看，她觉得自己也常听妈妈的话，也很努力想要好好表现，但妈妈一生气就会使用"从来没有""绝对没有""总是"这样的词，这让她既委屈又气愤，所以才会觉得和妈妈说话只会越说越郁闷、越说越气。

在对事件或他人的行为表达不满时应该尽量克制情绪，不要偏离主题，明确地说出自己的想法。若是东拉西扯、唠唠叨叨地越说越多，到最后话题的焦点模糊了，只会使双方之间的关系恶化。

还有一件事不该做，就是翻旧账，这也是亲子对话中孩子最讨厌的内容。既然过去的事已经告一段落，那么现在就只需要将焦点放在当下发生的事上面，不要从单一事件扩散到对人本身的指责，要以尊重孩子的心态进行对谈。孩子再小也是有人格和自尊心的，大人若是无视或残忍地踩踏，只会带来反效果。

比指责更可怕的是轻蔑的态度

还有一种比指责更可怕的对话方式，就是抱着轻蔑的态度跟孩子说话，像是说出"我做得比你好""我会的比你多""我可是你妈妈（爸爸）啊"等，带着优越感贬低孩子的话语。

轻蔑的态度比指责更容易出现在亲子对话中，因为父母在亲子关系中原本就处在优势地位。父母在伦理上具有权威性，但一定不能成为只重视权威性的父母。心理不健康的父母会以"小小年纪竟然敢对父母没大没小"等言行要求孩子无条件屈从，展现自己的权威性，但这样会对孩子造成伤害。

除了利用权威性，轻蔑的态度有时还体现为任意叫孩子讨厌的绰号。父母当然不会因为想让孩子痛苦而故意给他们取绰号，大多是出于逗趣儿的心态，觉得没有什么大不了的。然而，对孩子来说，有时被人随口取的绰号会造成一辈子的心理伤害，所以即使是开玩笑也不能故意叫孩子讨厌的绰号。

我小时候的绰号就在我心中留下了伤口。当时，住在附近的舅舅经常来我家，每次来的时候都不叫我的名字，而叫我"小黑"。小时候常常和朋友跑出去玩，大家都晒黑了，而我的肤色原本就比较黑，晒黑了就更明显。

即使我对父母发脾气，哭诉着"我不喜欢被叫小黑"，他们也只是安慰我说："舅舅这么说是觉得你可爱啊，为什么这样呢？"我想要的不是安慰，而是希望父母阻止舅舅那样叫我，但是他们不懂我的想法。更让人生气的是，父母和舅舅反而觉得气哭的我更可爱，完全不把我的愤怒当回事。

虽然这已经是我小学时期的事了，但当时的感觉到现在仍然很鲜明。当时我是真的很生气，委屈得都哭了，但是大人们却无视我的感受，甚至觉得有趣，笑着继续逗弄我。我感到无力、沮丧、绝望。而且，当时我们小区里有只流浪狗，大家也叫它"小黑"，虽然好像不是什么大不了的事，但这件事在不知不觉中刺激了我的羞耻心，让我感到自卑。

后来我从朋友那里听说了美白的"偏方"，甚至还自己偷偷去药房买了药膏回家敷脸。长大后回想起来，药膏里面似乎含有类固醇，对身体不是很好。即使如此，我还是想摆脱"小黑"这个绰号。

虽然大人们以客观的角度看待整件事，会认为只不过是小事而已，但对年幼的孩子来说却是很大的伤害。当孩子感到生气、哭着表示不愿意时，如果父母可以正视孩子的感觉，站在他们的立场上感受一下他们的心情该有多好？只要小小的关怀就能让孩子感觉幸福，但很多父母都忽视了孩子心里的感受。

我想起了很久以前某个中秋节发生的一件事。在满员的电梯里，一个父亲抚摸着女儿圆圆的脸，笑着说："是因为中秋节到了吧，这里也升起满月了。"

小女孩甩开爸爸的手，把脸埋进妈妈的裙子里，哽咽地说："妈妈，爸爸又那样说了！"

电梯里的人都在努力憋笑。现在那个孩子应该已经二十多岁了，不知道讨厌的绰号跟了她多久。

- 如果你经常对孩子使用"你到底""你每次""总是""从来不""你从来没有""你竟敢"这类话，那么就应该检讨自己是否是在用轻蔑的态度指责孩子。

- 孩子不喜欢的绰号就不该再说。自己可以做选择却被别人强制决定时，孩子就会感到无力和受挫。

说话并非为了造成伤害，而是为了治愈

爸妈生气时的错觉

很多爸妈生气时会说出造成孩子心理创伤的话。有的人是因为不懂如何调节愤怒情绪，也有的人是基于希望子女拥有美好未来的迫切心情，而故意说一些激烈的话，算是一种激将法。

也许是希望孩子听了那些话会说"听妈妈这样讲，看来我真的错了"，然后自我反省并改过。但这种期待通常不会成真。因为激动的情绪会直接沾染到孩子身上，导致孩子听到的不是教导，而是妈妈针对自己错误的大力指责，结果不仅没有反省，反而感到冤枉、羞耻、受辱，自尊心受损，更加愤怒并反抗，结果和妈妈的期待完全不同。

"如果再继续说谎，你就会成为骗子，以后被抓进监狱。""你做事总是这副德行，就是做不好是不是？""你就是光说不练。""生下你真是个错误！"
"真不知道你长大后会变成什么德行。""你到底能
做成什么事啊？"类似这样恶毒的话，不知还有多少。

我并不是不能理解大家的心情，但是无论多么生
气，有的话还是不能说出口。孩子年纪越小，越会受
到父母言语的影响。他们就像海绵一样，吸收父母说
的话，再内化成自己的东西。

因为孩子们还无法进行客观判断，对他人话语中
的真实性没有辨别力，所以如果从小就经常被家长以
侮辱的话语指责、谩骂和发脾气，孩子会觉得自己真
的就是父母口中的那个样子。这样的想法会深深印在
脑海中，支配他长大后的行为。

如果你的孩子得了重病，你会怎么办？一定会到
处寻医问药，恳求医生救救孩子。但是孩子的心生了
重病，许多家长却漠不关心，因为这是眼睛看不见的，
或者并非马上就能看出来的病症，是很可怕的陷阱。

自证预言的巨大力量

父母说出的侮辱性言语，对孩子的人生会产生可
怕的影响。父母的话就像魔法一样，套上了"自证预言"

这个无法摆脱的枷锁。

美国著名社会学家默顿（Robert Merton）提出的"自证预言"概念，是指人们先入为主的判断无论正确与否，都会影响到人们的行为，以致这个判断最后真的实现。

"自证预言"在亲子教养方面揭示出了非常重要的一点：如果预言朝积极的方向发展，就会取得无比好的结果；反之，如果往消极的方向发展，则会很致命，甚至可能毁掉孩子的整个人生。

积极的自证预言：皮格马利翁效应

积极的自证预言，可以举"皮格马利翁效应"（Pygmalion Effect）为例。皮格马利翁是古希腊的一位国王，他将心目中完美的女性形象用象牙雕刻出来，然后深深地爱上了雕像。

后来掌管爱与美的女神阿佛洛狄忒赋予了雕像生命。于是，皮格马利翁与心目中理想的女性结了婚，过着幸福快乐的日子。后人引申为只要强烈而持续地相信，最终期待的事就能实现，这就是"皮格马利翁效应"。

哈佛大学社会心理学教授罗森塔尔（Robert Rosenthal）博士的实验证明了皮格马利翁效应。他告诉教师一个假信息，说有一群特殊的孩子，他们拥有良好的潜质，成绩会突飞猛进。老师相信这些学生会考得好成绩，并抱着这样的期待用心教学，结果学生们果然都取得了好成绩。老师的期待和信任，使得孩子们能够朝着满足老师预期的方向行动，因此也被称为"教师期待效应"。

如果换成"父母期待效应"，那么对孩子会有什么影响呢？即使不加以说明，大家脑海中应该也想象得到。或许孩子现在看起来不够成熟懂事，但只要带着对他的期待和信任，给予积极的支持与响应，相信你的孩子也能成为皮格马利翁效应的证明。

消极的自证预言：污名效应

说到消极的自证预言，用"污名效应"（Stigma Effect）说明就很容易理解。污名效应是指一个人被别人先入为主地抱持偏见或负面评价，即使那不是事实，这个人也会朝着满足该负面评价的方向行动，最终真的成为那样的人。例如，"那个人没有能力""那个人是撒谎精""那个人脾气很坏""那个人没救了"
这些批评，会像烙印一样铭刻在那个人心里，让他认
定自己确实具有那些负面特质，不知不觉中，他就会
照着那个负面的形象去行动。

如果你会对子女抱持否定态度，并时常以言语批
评、打击孩子，那么就应该反省一下。言语就像一把
双刃剑，大人的一句话可以救了孩子，也可以毁了孩子。

对孩子的情感产生同理心，就能产生治愈效果

如果你无论如何都会因为无法控制情绪而说出不
好听的话，这时就不要犹豫，立刻避开，走到孩子看
不见的地方。可以暂时去另一个房间独处，或者去厨
房打开冰箱喝杯冰水、饮料，只要十五秒钟的时间，
从激烈的情绪中抽离，我们的大脑就能从发怒模式转
变为平静模式。

冷静一下，整理好思绪再回到孩子身边，重新开
始对话。不是单方面训斥孩子或叨念，而是要给予同
理心进行沟通。"弟弟一直吵你，所以你生气了是不
是？妈妈知道你的感受。"可以像这样，先让孩子知
道妈妈理解他的心，只要知道了妈妈不是自己的敌人，

孩子就能得到安全感。

　　孩子只有在父母对自己的情感产生同理心时，才能听进父母的话，心甘情愿地接受，这就是同理心的力量。通过同理心安抚孩子，孩子心中的委屈、悲伤和愤怒都能得到纾解。

　　父母对孩子说的话，可以种下好的种子，也可以种下坏的种子。种子结出果实是不变的真理，种瓜得瓜，种豆得豆，当你看到果实而失望的时候，请不要责怪孩子，先自我反省并改变对孩子的用词和态度。请思考一下，你现在种的是什么样的种子呢？

KEY POINTS

- 相信"以说重话带给孩子冲击，他们就会反省并改过向善"的想法是错误的。

- 消极的自证预言会给孩子背上毁掉人生的炸弹。将来炸弹爆炸后，父母才会对自己的所作所为感到后悔、自责、痛苦，但为时已晚。

适当地踩刹车，必要时退一步

不只是开车，与子女的关系也需要感情的刹车

记得第一次握方向盘时是什么感觉吗？往前开固然可怕，但要在适当的时间踩刹车和向后倒车更是困难吧。

我想起在练习道路驾驶时，自己瑟瑟发抖，驾校的教练先踩了好几下刹车，然后对我说："这是开车时最重要的事情，如果没踩好刹车可能会送命。"教练再三强调，刹车非常重要。

如果刹车失灵，会发生什么呢？如果无法倒车，会怎么样呢？因为汽车的刹车和倒车功能正常，所以才能每天安全行驶。人也一样，在与别人相处的过程中，需要有刹车、倒车等功能，才能过幸福的生活。

爆发的怒火若无法停止，人与人之间的关系会变成什么样？特别是对需要保护和照顾的孩子，如果妈妈动不动就发脾气，而且无法控制自己的情绪、平息

怒火，会有怎样的后果呢？

让我们想象一下一辆装满行李、正要开下下坡的卡车。如果刹车失灵，卡车就无法减速和停车，最终只能等撞到建筑物或墙壁才能停下来，这个过程中还可能发生撞伤人、撞毁建筑物、车上载的物品翻倒等事故。卡车上装载的行李越多，坡的坡度越大，可能发生的事故的严重性就越大。

人也是一样，一个习惯发脾气的人是很难止住怒火的，往往要等到怒气引发了冲击性的大事件，造成了悲惨的后果，才会恢复理性、平息怒火。

无法控制脾气的妈妈对孩子发火、打骂、扔东西，可能要等看到地板上都是碎片、孩子吓得大哭，才会惊觉："我现在在做什么？"然后恢复到正常状态，并看着因害怕而哭泣的孩子，感到后悔与自责。但是这时候为时已晚，因为孩子已经受到了严重的伤害。

止住怒火的重要装置："补救尝试"与"道歉"

当我们生气时，身体的血液流动就会发生变化。由于大脑和激素的作用，血液会集中到身体的大肌肉上，所以身体会变得结实，而通往大脑的血液会减少，所以思考能力就会变弱。

换句话说，人在生气时生理方面会变得更活跃，声音变大、身体有力，动作也会比较粗暴，而大脑的活动会受到限制，因此很难做出理性思考或判断。

通过"补救尝试"来刹车

心理学家戈特曼（John Gottman）表示，夫妻若在吵架的过程中就试图和解，效果会比吵完架才寻求和解要好。这被称为"补救尝试"（repair attempts），也算一种"刹车"。

补救尝试在亲子关系上也很受用。人在生气的过程中通常都会有片刻的犹豫，即使只是一瞬间，那犹豫的瞬间也是大脑运转思考的时候，所以不要错过这个能止住怒火的时机。补救尝试并不是要求父母容忍孩子错误的行为，而是从情感上承认孩子的立场，让双方之间达到停火的状态。

"妈妈现在很生气，休息一会儿再说吧。""爸爸知道你也有很多话想对我说，对不对？""你说得并不全面，不过妈妈觉得有一部分是对的。"可以像这样有意识地承认孩子的立场，表达试图和解的善意。在你把话说出口的瞬间，理性就会启动了。

通过道歉后退一步

倒车比踩刹车需要更多的勇气，因为原本正在往前跑的汽车要先停住，才能往后退。

道歉就像倒车，并不是说孩子做错事了大人不能予以训斥，而是要大人针对"自己以发火来处理问题"这件事道歉。

"妈妈不是故意生气的，很抱歉发了那么大的脾气。""其实应该可以不用生气、好好跟你讲的，不好意思，爸爸发了脾气。""仔细想想也不是那么值得生气的事，但还是忍不住发了脾气，对不起。"无论孩子是不是做错了，若是爸妈以不理性的态度发脾气的话，都应该先跟孩子道歉。

也许有人会问，人正在气头上，做得到上面说的那些吗？当然做得到，只要不是患有严重的精神障碍，都可以做到。

社会关系中，没有人能做到发了火就完全消气，要根据情况调节怒气并寻求和解，但即便如此，也不能随便对待孩子。

作为家长，向孩子道歉或许会感到自尊心受伤或不好意思，但实际上这完全没有什么可感到丢脸的，反而是一件勇敢、足以自豪的事。如此一来，孩子也能从父母身上学到宝贵的东西，比起苦口婆心的说教，这是最优秀的身教。

看着孩子的眼，就能止住心中的火

　　一位患有愤怒调节障碍症的母亲来到咨询室，哭着说自己的孩子太可怜了，因为是独生子，每当她一生气，孩子就只能独自承受，实在是很可怜，如果有兄弟姐妹就好了。这位妈妈是一旦生气就会理智"断线"的类型，所以即使想停止发脾气也停不下来。如果想找到并根除隐藏在她心底的造成生气的元凶，需要很长时间，但一想到那可怜的孩子，又无法慢慢研究，我必须快点找出能止住她怒火的有效方法。

　　那时有个想法在我的脑海中一闪而过，就是刺激这位妈妈身上特有的"身为母亲的本能"。保护脆弱、幼小的孩子是母亲最基本的本能，单凭这个就能抑制怒火。激活这种本能的方法，就是在生气时看着孩子的双眼。

　　我给她布置了一项作业，在气到失去理智之前看看孩子的双眼。没过几天我就收到了她发来的信息，说自己终于做到了，明明很生气，可是一看到孩子的眼睛就觉得好心疼，立刻抱着孩子哭了起来，原本满腔的怒火也瞬间消失了。

当父母生气，大声叫喊、骂人、打人的时候，孩子的眼睛里有什么呢？眼睛是心灵的窗户，孩子的双眼里充满害怕，因为害怕、不安而不知道到底该把视线投向哪里，两颗眼珠不知所措地转动，双眼因为噙满泪水而看不清楚。作为孩子的爸妈，想到这些难道不觉得心疼吗？

我们是妈妈，拥有比世界上任何东西都要强大的母性。如果情绪失控，对孩子发了脾气，请赶紧看看孩子的眼睛，那是控制愤怒最有效的刹车。当然，这和开车一样，需要学习和训练。

KEY POINTS

- 在充满怒火的路上，是选择继续发火、将火灭了，还是道歉，这完全是当事人的选择。瞬间的选择反复出现之后，就会成为习惯。为了养成习惯，不要害怕失误，要不断练习。

有时不一定要做出反应

如果正在吃的药没有效果，就换别的药

你在什么情况下最容易对子女发脾气？如果经常在相似的情况下发脾气，而孩子也没有什么改变，这可能表示"发脾气"变成了你的习惯。

如果大动肝火之后孩子也没有改变，就应该重新思考一下"生气"这件事，谋求新的对策，改变生气的方式，或是控制自己尽量不要发火，寻找全新的想法，否则你可能会成为"生气上瘾者"。

如果衣服上的污渍用肥皂怎么洗也洗不掉，我们会去找更有效的方法来解决，例如用强力去污剂清洗，或放在沸水里去污。

教导孩子也一样，如果不管大人怎么生气，孩子也没有改变的话，就要找其他方法。不过，很多父母还是习惯继续发怒，不找其他替代的对策，这是为什

么呢？因为已经养成了习惯，人都喜欢熟悉的东西，熟悉会让人感到安心、舒适。而养成了这样的坏习惯的父母，会在不自觉中，像被牵引一般时常发脾气。

生气复生气，如果总是以同样的方式生气，久而久之就会变成习惯，更严重的话会不自觉地成为"生气上瘾者"。习惯性的发怒代表在发生状况时，我们大脑的思考功能是无法启动的，而是会反射性地发泄情绪。

当孩子固执、耍赖、闹脾气时，父母常常进退两难。即使不停重复着安抚、训斥、发怒的行为，情况也依然不会改善。如此一来，时间一久父母就会感到疲惫，干脆跳过安抚的步骤，只要孩子一闹，就发火。

最后孩子哭了，爸妈心里也不好过。而且这种状况不会结束，同样的剧情反复发生，最终成为固定模式，破坏了亲子关系，也达不到教养的目的。

孩子无理取闹，与其生气，不如"冷漠以对"

有时孩子不听话，固执地无理取闹，爸妈说什么都行不通。这种时候要爸妈冷静、理性地说服孩子真的很难，因为小孩蛮横的行为会刺激大人，同时情绪也会传染，孩子的负面情绪会传到爸妈身上，让状况变得更难解决。

想想用高压锅煮饭的时候吧。大家都知道，当锅内充满压力时，绝对不能打开锅盖，因为里面的气体喷射出来会很危险。同样地，如果爸妈心理压力不断增大，最后直接发泄到孩子身上也是很危险的。所以，就像提前让锅里的水蒸气从排气孔排出一样，大人内心的气也应该先抽一点出来。

将怒气排出之后，内心的压力就会下降，这时爸妈才能与正在情绪旋涡中的孩子的心好好接触。这种方法是一种"选择性忽略"，意即对孩子的特定行动不做任何反应。

生气是表达情感的强烈反应，忽略就是没有反应，选择性忽略对孩子有传达理性、使其冷静的效果。同时，在没有反应的时间里，爸妈可以缓和心中的怒火，孩子的注意力也可以转移到其他地方，这是针对孩子无理取闹时的应对方法。

父母的过度反应会使无理取闹的行为更加严重

每个孩子都想得到父母的关心和爱，顺从乖巧的孩子自不必说，就算是不听话、固执、任性的孩子也是如此。虽然表现得好像总是跟父母唱反调，但实际上是希望得到关注。

当孩子发现自己做某件事可以得到父母明显的响应时，就会常常做那件事。例如每当他们做出某种行为，父母就会称赞他们，或给予小点心作为奖励，孩子就会一直重复做那种行为，久了就会成为习惯。

在建立人生基本框架的婴幼儿时期，如果孩子做出值得嘉许的行为，父母持续给予响应并积极强化是非常重要的。相反，如果父母忽略孩子的行为，没有任何回应，那么那个值得嘉许的行为就会慢慢消失——如果无法引起父母的关注，孩子就本能地不会再做了。

因此，为了有效纠正孩子的无理取闹，表现冷淡、无视、不做任何响应，反而会比直接威胁、训斥、发怒更有效。但讽刺的是，父母们却经常用相反的方法。

当孩子听话、做出正确的行为时，父母认为理所当然，给予轻微的肯定反应；相反，如果孩子捣乱或吵闹，父母通常会反应强烈，并且为了纠正孩子会格外注意。孩子们被本能的欲望吸引，发现这样可以引起父母的关注，自然会一再重复这种行为，结果情况变成父母越来越生气，而孩子的问题行为越来越严重。

这样一来，大家还要继续对孩子发脾气吗？乍看之下，疾言厉色、大声斥责似乎更能发挥父母的力量和威严，但不要被骗了，那样只会助长孩子继续问题行为。有时不做任何反应的力量更强大，各位爸妈可以尝试看看，你会发现家里的叫骂声和哭闹声会越来越少。

KEY POINTS

- 孩子无理取闹的行为是父母习惯性生气的主谋。生气频率越高，亲子之间只会越来越习惯生气的状态，强化负面行为。

- 当父母"选择性忽略"时，若孩子停止做出问题行为，父母应该给予称赞。在称赞的同时，父母的心情也会转为积极正面，对孩子的行为修正效果会更明显。

试试拉拢心灵的对话

生气的时候，你是真的在与孩子对话吗

对话的定义是"面对面交谈"。严格来说，单方面的说话不叫对话，没有一来一往，只是自言自语的独白罢了。很多父母常常在生气时絮絮叨叨地唱独角戏，孩子一句话也不说，他们却误以为这样就是在和孩子对话。

勉强就当作是"单方面的对话"好了。也许是因为太生气而失去理智，或者是因为在教养方面有很多话想一吐为快，不管原因是什么，总之很多父母火气一上来就会跟孩子进行"单方面对话"。

"你说，到底为什么？为什么要那样？那样做好吗？是对的吗？是不是错了？下次还敢不敢？"这样连珠炮似的只顾着说自己想说的话，乍听是提问，但事实上并不想听孩子的答案。即使孩子想解释，也只肯让他们简单回答，因为父母心中早已有答案，除此

之外的话都不需要讲，他们也听不进去。这就是最近年轻人之间流行的新造词——"答定你"，意思是"答案已经定好，你只要回答就行了"。

孩子从经验中知道，父母发火时最好不要回话。很多父母会说，自己即使在生气，还是会与孩子对话、沟通；但是问孩子，他们多半都说父母根本就没有想试着对话的意思。

为了掌握状况，刚开始或许会与孩子进行对话，一旦觉得已经了解情况了，父母就开始说教了。当然不是所有的父母都如此，把单方面说话当对话的多半是无法控制怒火或不知道如何好好生气的父母。但不幸的是，这样的父母太多了。

负面的话听多了，大脑也会受到负面刺激

虽然与我没有利害关系，但和某些人相处起来就是会感觉非常疲惫。那种凡事都抱持否定态度的人就是这种人，他们对人生的一切都以消极、负面的态度看待。

如果持续暴露在负面的言语中，我们的大脑也会被负面能量所刺激。所以从小就经常听父母的负面言

语的孩子，日后在面对别人时，会习惯先看到对方的缺陷，对自己遭遇的状况，看法也会变得消极。

有个小学三年级的男孩因为在学校与人相处不好前来咨询，他说："我本来就是这种人。"

我惊讶地反问："你怎么会有这种想法呢？"

那孩子马上回道："爸爸妈妈这么说，老师和同学也都这么说。"

我能理解他抑郁的心情，于是说："原来如此，那么你记得爸爸妈妈是从什么时候开始这样说的吗？"

"从很久以前，说不定从我出生前就开始了。"

他用夸张的语调，强调"从很——久以前"，还说"从自己出生前就开始了"，用自嘲的语气包覆受伤的心，实在很可怜，我听了也很心疼。

父母的言语对孩子的精神世界有着决定性的影响。如果父母生气的理由与孩子的能力或性格有关，则影响更深。所以，身为父母，无论再怎么生气，都要注意对孩子说出来的话。

父母为了给孩子提供更好的生活环境而努力，但好环境不能只考虑肉眼可见的东西，对孩子来说，最重要的环境是在家中由父母塑造的心理氛围。

积极的对话方法："5：1"的黄金比例

在孩子们看来，爸妈的怒气就像地雷一样，不知道埋在哪里，但只要稍微放松，就可能一不小心踩到，引发爆炸。

那么有没有方法可以减少像地雷一样爆发的怒火带来的冲击呢？可以试试"5：1"黄金比例对话法。具体做法是说五次肯定的话，搭配一次否定的话，这样就能将否定带来的副作用降至最低。

如果真不知道该怎么说积极正面的话，有一个最简单的方法，那就是称赞。只要做好称赞，就能取得很好的效果。在生活中如果发现孩子有值得称赞的地方，就不要错过时机，及时给予赞美。例如姐姐带着弟弟一起玩时，可以称赞她："哇，如京带着弟弟一起玩啊，姐姐果然很棒，来，和妈妈击个掌吧！"

另外像吃饭的时候，可以说："我们小奎自己吃饭吃得真好，妈妈也很开心哦。"孩子愿意按时上床睡觉时可以说："今天智秀真乖，时间到了就自动上床准备睡觉了。睡得饱，明天早上起床也会很有精神哦，晚安。"

面对相同的状况，如果爸妈说："哎哟，你怎么这么早就主动去睡觉啊？明天太阳要从西边出来了。"

孩子听了会是什么感觉？表面上听来好像是称赞，但可能会让孩子觉得里面夹杂着嘲讽。既然是称赞，就应该给予真诚的称赞，让听的人感到开心。

如果平时通过这种方式建立积极正向的关系，那么即使偶尔用有点不健康的方法生气，孩子也会少些挫折感，少些害怕，少些伤害。

称赞不是模糊笼统地说"你做得很好"，而是要具体，根据事实给予肯定。如果以夸大其词或无中生有的方式过度称赞，反而会引起反效果。请不要认为自己的孩子没有什么可称赞的，那完全是错误的想法！现在马上打开笔记本记录下孩子的优点吧，具体记录下来，未来有机会就不要吝啬给予赞美。

拉近与孩子心灵距离的"三阶段对话法则"

妈妈生气的时候，孩子会觉得像是要把自己推开一样，拒人于千里之外。"好好生气"意指要用健康的方式表达愤怒。不要对正在害怕的孩子说出具有攻击性、暴力性的话，应该以真心的关怀，说出具有人性的话。

看到这里，读者应该不会再问出"我正在气头上，怎么可能做得到"这样的问题了吧。我相信大家记得前面曾多次说明的理由。

在生气时能够拉拢孩子心灵的对话要领分为如下三个阶段：

●第一阶段：向孩子确认当下的状况

当父母对孩子的行为不满时，不应该盲目地发火，而是应该先向孩子确认为什么会那样做。例如："泰宇刚刚乱丢水壶，所以水都洒了出来，瓶盖也破了，是吧？"有时可能是父母误会了孩子，这时用回声法加上提问的方式引导孩子解释状况，可以减轻孩子的委屈感，产生保护自己的力量，这样才能更有条理地说明状况。因此，向孩子确认状况这个步骤非常重要。

●第二阶段：从孩子的视角，只说明心情和重点内容

确认状况之后，可以告诉孩子自己现在有点生气，至于生气的原因，要站在孩子的视角，进行重点说明。通过"我信息"（I message）传达法，不要指责孩子，而是以传达"我"（也就是爸妈）的心情为主。

"妈妈（我）吓了一跳，心脏现在还在扑通扑通

地跳，而且我很生气。不高兴就丢东西是不对的，因为你可能会受伤，原本好好的水壶也破了，不能用了。"

如果父母不明确告知孩子自己生气的原因，孩子往往只能根据自己的思考能力胡乱猜测，这样就很难明白什么行为会造成什么问题，最后导致重蹈覆辙。

●第三阶段：说明具体方案

当孩子确实理解了爸妈是因为自己的行为而生气之后，就要引导他们说出改正方法，方法越是具体，行为就越容易改变。

"我希望泰宇生气的时候，可以明确告诉我你的想法。如果边哭边说，妈妈可能听不懂，只要清楚地慢慢说，我就能很快理解并帮助你。"

最后，在孩子承认自己的错误后，要给予安抚，让他们感觉被理解。与此同时，家长也会惊奇地发现自己的火气正在消退。只要孩子感觉到了自己受到关怀和鼓励，就代表大人成功地用健康的方式表达了自己的怒气。

愤怒的表现不一定非得很激烈，将怒气融入理性的对话中表达时，爸妈可以心平气和，孩子也不会受到伤害。

KEY POINTS

- 最简单、有效的肯定性言语是称赞。平时多想想孩子的优点，让这些优点成为称赞的基础，对亲子关系绝对有帮助。

- 比起"谢谢你陪弟弟"，不如说"大宝长大了，会和弟弟一起吃饼干，真乖"。指出具体事实，可以让孩子确切明白什么样的行为是受到肯定与鼓励的，并继续维持。

孩子的情感都允许，但在行动上设限

处理好负面情绪是幸福关系的开始

长长的寒假结束了，父母情绪辅导小组的活动也开始了。虽然是第一次见面，但大家就像老朋友一样，一见面就分享各自感到疲惫的事情。

2019 年冬天，韩国遭遇严重的雾霾问题，甚至流行"三寒四微"这个新词，意指一个星期里三天受冷气团的控制，四天遭悬浮颗粒物的袭击，以此来形容韩国的冬季。"比起与雾霾搏斗，"一位妈妈说，"和想出去玩的孩子对抗更累人。"大家对此深有同感。孩子们开学后父母稍微有了点自己的时间，但心里又会浮现对孩子感到抱歉的想法。大家互相倾诉，可以说是同病相怜啊。

因为放假期间孩子整天在家，和妈妈相处的时间变长，唠叨、叫骂、哭声在家里没有停歇的时候。妈妈忙得只能假装没听见，孩子则在家到处乱跑，不停地制造问题，最终导致妈妈的烦躁和气愤一齐爆发。孩子觉得自己只是犯了小小的错误，妈妈却发了那么大的脾气，因此觉得委屈，会产生"讨厌妈妈"的想法而生气，甚至会号啕大哭。

　　这些情况仔细看来，最终都与情绪有关，特别是负面情绪：对不听话的孩子说"拜托你听话好不好"时的烦躁，会导致发怒；"小不点儿一个，居然不把妈妈放在眼里，不听我的话"的心情，想不管三七二十一冲过去打孩子的想法也是一样。看着因为被骂而哭泣的孩子，心里感到后悔、抱歉，也都是情绪。

　　寒假里外头天气冷，要做的事情又多，就让孩子们待在家里，然而兄弟姐妹之间不一会儿便打打闹闹、搞破坏，把家里弄得一团乱。只要他们乖乖的、不吵不闹，妈妈的一天就会轻松许多，但是孩子的精力没有地方可以发泄也是问题。

　　不管是大人还是孩子，都一样很难控制负面情绪的产生。孩子们闹脾气，妈妈会生气；妈妈生气，孩子们也会发脾气。彼此都把气出在对方身上，妈妈除了责骂孩子，没有别的办法。

这样的恶性循环，只会使大人越来越累。那么要如何找出恶性循环的根源并加以解决呢？根源就在触发怒火的部分。如果孩子们能控制住自己的烦躁情绪，那么对大人的刺激就会减少，大人的火气也就不会那么大了。

情绪没有是非好坏的概念

要想让孩子控制好负面情绪，父母首先要对情绪有正确的认知。大家在孩子发脾气、烦躁或哭闹时（也就是表达负面情绪时）有什么感觉？会不会觉得不安，怕那些情绪造成不良影响？是不是觉得生气只能带来不好的影响？如果真是这样，你就需要重新认识情绪。

孩子们在表达愤怒、烦躁、厌恶、悲伤等负面情绪时，很多父母会劝说或训斥孩子，要他们尽快从负面情绪中脱身。为了不让孩子产生负面情绪，有的人还会事先做好应对准备，因为在他们心中存在着"负面情绪就是不好"的偏见。

负面情绪也是人生存的必要情感

负面情绪对我们的生活有重要的作用，其作用甚至不亚于正面情绪。如果有人从不生气，那会发生什么事？有人随便殴打你的孩子，你却不感到愤怒，那会怎么样呢？光是想想就觉得可怕。包括愤怒在内的负面情绪，其实对我们的生存也有很重要的作用。

能感受到自己的负面情绪，这件事本身并不是坏事，表达负面情绪的方式具有破坏性或反社会性才是问题。所有的情绪都很重要，没有绝对的好坏，是无法以价值衡量的。正面的情绪是好的，孩子们有的话当然很好，但也不能因为觉得负面情绪是坏的，就要他们完全杜绝。

生气并不是坏事，当然，也是阻止不了的事。如果从小就阻止孩子产生负面情绪，那么孩子就没有机会关注到自己的这些感觉，也就无法学习如何控制和表达。我们应该告诉孩子，生气不是坏事，但破坏性地表达愤怒是错误的。引导他们以正确的方式表达自己的愤怒，是父母帮助孩子成长、拥有幸福人生最好的方法。

可以生气，但不要打人

不论是正面情绪还是负面情绪，身为父母，孩子的所有情绪都要照单全收，但是因此而产生的行动必须加以限制。父母必须要纠正孩子由情绪引发的不良行为，并帮助孩子认识什么是适当的行为。

也就是说，可以感受到生气的情绪并表达出来，但是不能因为生气就采取暴力行为或做出伤害他人的举动。我们可以告诉孩子："生气没有错，但因为生气就乱丢东西是不对的。"还有"发火没关系，但是不能打人""发脾气没关系，但那样大声吼叫给别人造成困扰是不对的"等等。

只要父母好好引导，孩子就会学习到正确的观念，因为在引导的过程中，孩子也能获得接纳与认同。爸妈们若想少发点脾气，避免孩子做出会刺激到情绪的行动，就要从接受孩子的所有情绪、给予同理心开始。

只要孩子能够正确理解自己的情绪，并有基本的自控力，就能避免做出不当行为。不再做出触怒他人的行为，也不会将负面情绪传染给他人，那么家庭关系自然会变好，生活也会得到幸福。随着情感消耗的减少，父母就会不再那么容易发火，可以找到心灵的余裕。

KEY POINTS

- 只有曾被接纳过的人才会接纳自己和他人，但如果父母只教导孩子接纳和同理心，却没告诉孩子行为的界限，那么孩子将来在社会上可能会适应不良。

- 行为界限的教育是有必要的，切记不要在生气的状态下教育。唯有理性的人格教育，才能取得真正的效果。

孩子生气的时候，
立即见效的五种紧急处置方法

教我们生气的方法吧

有的父母说，孩子动不动就发脾气，不知道该怎么办；有的父母说，孩子不生气，只是忍着，看了心里很难受，不知道该怎么办。这些都是父母们的苦恼。

三岁养成的习惯到了八十岁也难改，如果从小就习惯发火或隐忍，那么到老恐怕也会维持下去。这就是要在孩子还小的时候教导他们如何处理好怒气的重要原因。在孩子生气的时候，父母做出智慧的反应，孩子耳濡目染地习得，这是很重要的身教，也是可以让他们幸福生活一辈子的珍贵礼物。

动不动就发脾气的孩子

你的孩子动不动就生气吗？或者总是一个人憋

着？容易生气固然是问题，但总是压抑也是大问题。

一般来说，容易生气的孩子可以分为天生就容易动怒和受环境影响变得易怒两种类型。

●因天生的脾气而容易生气的孩子

如果是生来就脾气暴躁的孩子，父母的认知就很重要，不可以用"哥哥都没怎样，为什么你就生气了"或"看你那么会生气，长大一定好不到哪里去"来评价他，这等于是进一步强调他的弱点。

父母要先承认"我们的孩子是很容易生气的性格"，并找出可以弥补这个弱点的适当方法，从控制脾气的方向下手，而非一味否定他。

●因环境因素变得易怒的孩子

这种类型有很多情形，例如父母平时就经常发火、夫妻之间经常吵架的家庭，子女就会很容易生气。另外，父母对情绪的理解和认识不足也是原因之一。

父母吝于表达情绪，孩子就会以烦躁或火暴的情绪来表现自己，因为这样才能得到父母的响应。这种情况下，父母会觉得："自己不是容易生气的人，为什么孩子动不动就发火？"因而感到疑惑不解。

学习说话较迟缓的孩子也很容易生气。当他们想表达自己的意思，但家人或朋友却听不懂、不理解时，他们就会觉得郁闷，于是自然就动了怒气，严重起来还会殴打家人或朋友、乱摔东西。若是一直不改善，随着他们长大，问题会越来越严重，遇到这种情况最好寻求专家的协助。

孩子容易生气，父母可不能跟着动怒，也不宜指责孩子。最好的做法是用同理心，了解他心里的郁闷，帮助他好好表达自己想说的话，耐心地等待孩子改变才是最重要的。当然，遇到孩子使用暴力的情况，还是必须特别提出来纠正。

有的父母会因为自己过去未愈合的伤口而给子女造成伤害，不管大人表现出什么样子，小孩在不知不觉中都会模仿、学习，等长大后自己有了家庭，又会像父母一样把伤口传给下一代。想要打破代代相传的恶性循环，就要努力做到你父母没有做到的事，让伤害的循环止步，你和孩子才有幸福的未来。

努力忍气吞声的孩子

习惯忍气吞声或努力将情绪内化的孩子，父母要先确认自己是不是常在孩子面前传达负面情绪或过分压抑孩子的情绪，平时是不是会直接或间接地灌输"生气是不好的、不该做的事"这样的观念。

个性顺从、内向的孩子，会勤于接受、仿效身为权威者的父母所给的信息。在理解能力、思考能力还不够成熟的孩童时期，被要求必须无条件顺从父母，每当这项要求与自己的需求发生冲突时，就会形成压力累积在心底。

最危险的一点是，孩子在尚未完全理解自己的情绪时，就先学会了压抑。人必须体验过各种情绪和错误之后，才能找到适合自己的处理情绪的方式，具备对情绪的理解能力和解决问题的能力，成为心理健康的人，但习惯了压抑的孩子却没有那样的机会。

与其为孩子苦恼，父母们不如积极提供帮助，接纳各种情绪变化并学习如何适当表达。不管是正面或负面的情绪都一样，孩子将来都可能会面对。同时，家长也不能忘记自我审视，了解自己处理负面情绪的方法，因为身教对孩子的影响很大，孩子有可能会像父母一样易怒，也可能会因为从小看到父母压抑的样子而学会隐忍。

孩子生气时的应对战略

为了中止困扰生活的恶性循环，必须学会控制自己的怒气，同时知道如何在孩子发火时做出恰当的反应，做个善于引导的好教练。

●应对一： 不要害怕孩子的负面情绪

父母若是回避型、缩小型的人，或处在内心力量薄弱的情况下，就会害怕孩子的负面情绪。稍有不慎，孩子就会在冲突中掌握主导权，父母很容易被牵着鼻子走。

你是不是明知应该对孩子说"不行"，却常常装作没看到、放任不管？孩子常常生气，你却自己合理化地想"等他长大就不会这样了"？因为拗不过固执的孩子，为了尽快结束争吵所以常常先妥协？孩子生气或不耐烦时，会告诉你原因吗？或者是反过来，孩子生气时你因为感到不安所以发更大的脾气？那么你就是连自己都没意识到，自己是害怕"生气"这种情绪的父母。

对负面情绪感到畏惧的父母，会希望尽快消除孩子身上的负面情绪。不是试图压抑孩子的愤怒："那个没什么大不了的，不值得生气，你看哥哥也没怎样啊。"就是想靠物质方面的弥补转换愤怒："我买冰激凌给你，不要再哭了。""你不吵爸爸就送你自行车。"

要不然就是反过来说："如果你一直发脾气，我就叫警察来抓你。""你再生气我就打你。"这同样是一种压抑的手段，试图用惩罚或训斥消除负面情绪。

从现在开始，请完全承认并接受孩子的情绪吧。我们有时会生气，有时会烦躁，孩子也会。父母和孩子是各自独立的个体，我们无法替孩子感受，所以要引导他们学会接受自己的情绪，并给他们自己解决的机会，这才是帮助孩子正确处理情绪的方法。

愤怒管理的心理训练 七

你对孩子的怒气是怎么反应的？请仔细记录孩子生气时你主要的感受和所做的行动。如果不太清楚，就问问另一半或其他家人吧。

_____

_____

_____

_____

_____

_____

_____

_____

_____

_____

●应对二：不要咆哮或被动发火

在外面吃了美食后回家，那种快乐满足只是暂时的，到家时，老大因为弟弟比他先下车就生气了，一直到睡着为止都在耍脾气。

在父母眼中，即使是孩子，因为一点小事而破坏全家人的情绪也太过分了。妈妈好不容易摆脱煮饭的工作，难得下馆子的好心情被打破，甚至还很生气地说老大"可恶"，训斥他："弟弟比你小，先下车又怎么样？谁先下车很重要吗？如果不马上停止胡闹，以后就再也不带你出去吃饭了！"

另一个家庭有个正值青春期的姐姐，因为妹妹把自己心爱的发卡拿去用而气得发狂，甚至还引发了父母吵架。妈妈对老大发火说："一个发夹有什么重要的，还把妹妹骂哭。"爸爸反而对妈妈说："够了！吵死了，我都没办法休息！干脆把发卡扔掉，谁都别想要！你少讲两句，孩子等一下就没事了，偏偏就要把事情闹大！"

你怎么想呢？很多父母对孩子的小别扭、一点不耐烦其实很敏感。时间一长，原本孩子自己冷静一下就能平息的事，却因大人的介入而扩大了孩子的愤怒，可以说是火上浇油，让更多人的心情受到影响。

原本是风一吹就烟消云散的事，因为父母过于敏感的反应酿成巨大的风暴。如果不是严重到非得大人介入的事，不如就放手让他们自己面对，尊重孩子。这并非漠不关心，而是在一旁静静关注。

　　有时父母不介入也是很好的教育方式，琐碎的小问题就放手吧。这样，父母也可以减少不必要的情绪消耗，给自己留点精力，并且让孩子培养自己解决问题的能力。

愤怒管理的心理训练 八

你曾经为了对抗子女而发火或咆哮吗？若有这种经历，请根据记忆写下来，并回想：这种反应是否让情况更恶化？后来心情平静了吗？如果再出现类似的情况，你会怎么做呢？

● 面对面大发雷霆、互相咆哮的经历

_____

_____

_____

_____

_____

_____

_____

_____

_____

_____

●应对三：分享自己的经验，但不要用唠叨的方式说教

在孩子生气时，父母最常犯的错误有两种：一种是凭借自己过去成功克服痛苦和挫折的经验，对孩子表现出的低抗压性感到心寒（孩子常会有这种感觉）；另一种是以唠叨的方式说教。

出于身为父母的义务和责任，有状况发生时会本能地想先对孩子说教，当然，出发点都是为了他们好。

"你知道那样大吼大叫、发脾气，妈妈有多难为情吗？人家会以为你没家教。就算很生气，说话也要说得好听一点，知不知道？上次不是说过了，为什么还不改？"

但是孩子们都知道，会这样说话的父母对情绪的处理并不成熟，也不懂如何调节情绪。而且就算他们说的话有道理，孩子正在气头上也听不进去，或许心里还会想："上次叔叔来的时候妈妈不也是跟我一样吗？"或"要我好好说话，那爸爸自己为什么冲我咆哮？"孩子只是不说，其实心里都有数。

几乎没有父母在孩子发脾气时能轻松地接受，他们的心里也会感到不舒服，特别是面对青春期孩子的叛逆，父母常会不知所措又委屈。因此很多时候会反应过度，表现得过于激烈。

但是，如果仗着身为父母和长辈的权威，不分青红皂白地以威压式的教育对待孩子，很容易产生反效果。不管大人怎么教导，如果教导的内容和孩子自己本身的经验差太多，孩子就很难改变。但并不是只有完美的父母才能教育好孩子——不，应该说天下没有完美的父母，只有努力的父母。从父母努力的样子中，孩子可以感受到真诚，那样就足够了。

　　不要只是说教、唠叨，请试着与孩子好好分享自己的经历吧。因生气而一时不知所措的孩子，听着父母的经验分享，会感受到真诚和同理心：原来爸爸妈妈也曾经犯过错啊！孩子需要的不是完美而令人窒息的父母，而是人性化、值得信赖的父母。

　　越是直率地表现出真我，孩子就越能对你敞开心扉，随着彼此和解氛围的传递，亲子间也会建立起更亲密的新关系。

愤怒管理的心理训练 九

你有过去的经验想和孩子分享吗？试着用对话的形式
写下想和孩子分享的内容，写完读一读，如果自己感
受到了说教的口气，就再修改一下试试。

_____

_____

_____

_____

_____

_____

_____

_____

_____

_____

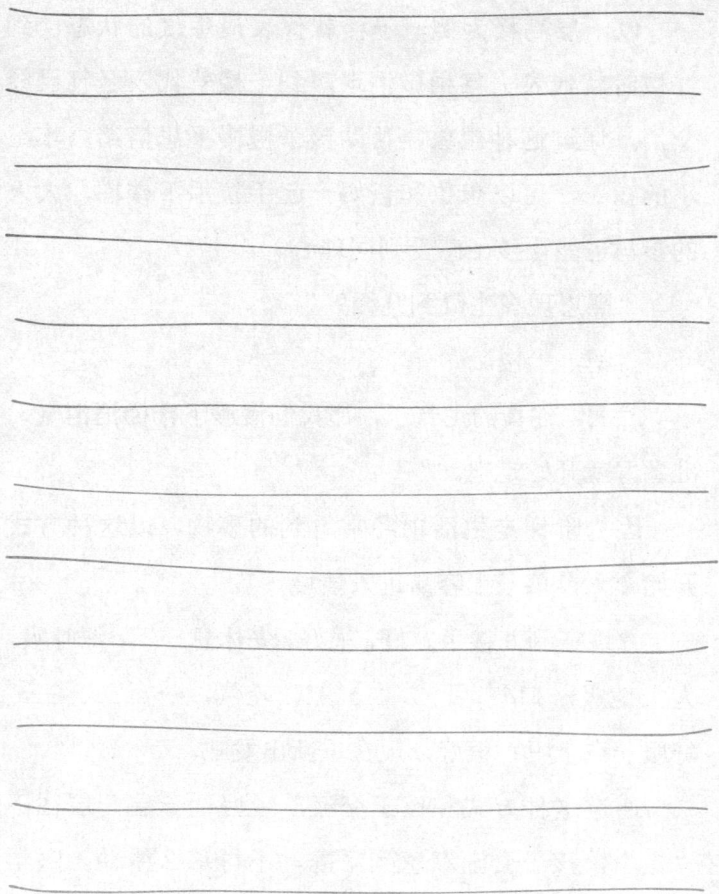

●应对四：尝试"情绪阶梯"的想象游戏

"情绪阶梯游戏"是以高楼大厦为想象基础，用楼层比喻怒气的强度，这是一种可以帮助孩子平息怒火的游戏。想象在自家大楼或学校等熟悉的楼梯间上上下下，重新感受情绪并镇定下来。

以十层高楼为例，十楼就代表最生气的状态，到九楼时就代表火气稍微消退，到一楼就代表怒气已经全消，通过这种想象，帮助孩子慢慢平息情绪。年纪小的孩子，可以想象和爸妈一起手拉手下楼梯，大人的参与也能让孩子感受到同理心。

"熙恩现在生气到几楼？"

"嗯，十楼。"

"啊，你真的生气了，那我们慢慢下楼梯消消气，准备好就开始走吧。"

因为阶梯是生活中经常看到的事物，以这种方式开始介入，孩子很容易进入情境。

"现在到九楼了？好，很好。先休息一下，深呼吸，大大地吸一口气，一、二、三，吐气，一、二、三，舒服一点了吗？很好，现在重新出发吧。"

通过这种方式和孩子交流，慢慢地一层一层往下"走"，孩子会渐渐感到平静，不再那么激动。医学上已经证明，深呼吸是能够抑制身心过度兴奋并带来安定的天然镇静剂。在数着一层一层楼的过程中，搭配深呼吸，孩子与怒气逐渐分离，大脑也开始启动理性思考。

到达一楼时，孩子会像从很远的地方旅行回来一样，心情变得轻松许多。这时爸妈可以给成功调节了怒气的孩子一点鼓励，不需要很大或很贵，一块孩子喜欢的饼干或一个温暖的拥抱，这样就足够了。

带孩子玩过几次情绪阶梯游戏之后，即使没有大人的指导，他们一个人也能玩得很好。慢慢地，不再需要想象走下楼梯的情景，只要深呼吸，就能产生控制怒火和烦躁情绪的力量。在不久的将来，孩子不用通过任何游戏就可以调节自己的感情了。

相反，总是被情绪牵着走、战战兢兢长大的孩子，在情感调节能力上必定会差很多，这需要持续训练才会有效果。情绪阶梯游戏的效果非常明显，是个性价比很高的训练方法。

愤怒管理的心理训练 十

参考"情绪阶梯游戏"，和孩子一起制作最适合他的游戏吧。因为是自己制作的游戏，所以会更有参与感。最好是有逐渐消除的效果，并选取可以与怒气联结的象征。盖房子、拆房子的游戏不错，贴贴纸游戏也不错，只要父母起个头，相信孩子会提出很多好创意。

●应对五：由孩子自己选择，并自己负责

育儿中容易让人感到烦躁、生气的一个部分，就是子女之间的纷争。尽管父母做了公正的仲裁，但孩子总是觉得不满，越想越生气。比方说弟弟跟在姐姐身边，姐姐叫他走开，他还是继续黏着，姐姐终于发火，动手打人，弟弟大哭，这时候你会怎么办？也许大部分人会替姐姐着想，甚至提出解决办法。

很多父母因为爱护子女，常常替孩子着想并直接为其做决定，认为这也是为人父母的义务。"你回房间把门锁起来不就行了吗？""你大喊大叫、发脾气，弟弟会更想惹你，你要好好跟他说啊。"这些都是大人的方式，虽然孩子不会说好不好，但想一想还是会照着指示去做。有时候也会说"不管，你帮我搞定"，把自己应该解决的事丢给爸妈。

如果这种模式固定下来，父母成为解决问题的人，孩子就会失去情绪和意志方面成长的好机会。他们应该亲身体验，在过程中思考自己的情绪是什么，判断自己的行为，找出解决方法，对选择的结果负责，这样才会成长。

父母不是问题的解决者，而是成长的帮助者，应该发挥教练的作用，引导孩子理解情绪，找出合适的

对策。就像在比赛中教练不会代替选手跑步一样，父母当然也不能代替孩子跑。

如果只是一味地生气和指责，孩子就不知道该怎么做，也不会去思考。因此，要先接纳孩子的情绪反应，然后明确告诉他哪里不对。"我知道是因为弟弟一直闹你，你才生气的，不过把气出在妈妈身上也不好哦。不如想想有什么办法可以让你不再生气吧。"把"球"还给孩子，让他自己决定怎么丢。

也许孩子还没有能力自己解决，会说："不知道，我怎么想得到办法呢？"或是带着情绪回答："让我用力打他一下，我就不生气了。"这时不要急着责备，因为即使是这样的回答，也是孩子的选择。但要让孩子明白，他必须为自己的行为负责。

孩子了解情绪化选择带来的责任之后，过不了多久就会认真思考并重新选择有效的方法。当然，在这样的引导过程中，亲子双方都会很辛苦，但如果能战胜成长的痛，你的孩子就会成为一个善于了解并调节自己情绪、谨慎行动、心理健康的人。

愤怒管理的心理训练 十一

1. 你会让孩子自己做决定和解决问题吗？还是会一一指示，要孩子照着做？请写下具体的情况。

_____

_____

_____

_____

_____

_____

_____

_____

_____

_____

_____

2. 如果给孩子选择权后还是很难解决问题的话，可以想想原因是什么。请写下并提出对策。

_____

_____

_____

_____

_____

_____

_____

_____

_____

_____

_____

❀ 结语 /

如果好好控制怒火，
像辫子一样扭曲的亲子关系就能顺顺利利地
解开了

有什么花是不会动摇而盛开的呢？
这世上无论如何美丽的花
都在动荡中绽放

哪有不湿而开的花？
这世上任何一朵璀璨的花
都是淋湿、淋湿，才盛开的

——都钟焕《动荡中绽放的花》

不知还有没有比这更适合形容子女成长的句子。就像花开前必须接受动摇的试炼，没有一个孩子是可以不受磨难就长大的。

　　在孩子经历如狂风肆虐、暴雨拍打的成长痛之际，身为父母的我们，至少不要将自己的欲望强加在孩子身上，让他们经历更强烈的风雨。不要像随时席卷而来的暴风那样发怒，折断孩子仍细弱的花茎。也不要一一干涉孩子的生活，不要毁了原本自己就能绽放得很美的花。

　　虽然大人们常说"等你长大就会知道小时候有多好"，但是孩子和大人一样，生活中也有属于他们的艰难、失望、愤怒、羡慕、悲伤、委屈、挫折等动荡的试炼，当他们面临被动摇的考验和被淋湿的痛苦时，让我们先静静关注吧。在风雨交加的时候，不要剥夺他们在风吹雨打中成长的机会，让他们自己坚持下去，为了不让他们倒下，让我们成为最坚实的支柱吧。

　　不要因为自己未经历过的生活而感到内疚，也不要自己背负沉重的担子。把"父母"的角色也当作在磨难中盛开的花，从现在开始好好成长、好好生活吧。

岁月流逝，但绝对不会白白流失，时间将可爱的小宝贝从你们的怀中抢走，他们像箭一样快速成长，很快进入青春期，然后成为大人。他们已经不再是紧贴妈妈爸爸打瞌睡的孩子，今后的日子里，父母们只能怀念昔日围绕在身边的他们。

　　孩子还小时，我也曾想过他们到底什么时候会长大，没想到时间一眨眼就过去了，时间快得让我怀疑这一切是不是梦。

　　趁着现在孩子还在身边，好好待他吧。

　　各位父母，或许你们现在还不知道自己有多幸福，不过将来就会明白了。根据你们现在的选择，等十几年过去，也许你会带着幸福的微笑看着孩子，或者是后悔万分、捶胸痛哭。

　　你可以选择减少生气的次数，即使生气也要理性、有智慧地表达，让父母和子女一起幸福，这是现在的你给孩子最好的礼物之一。